Raquel Pacheco

O QUE APRENDI COM BRUNA SURFISTINHA

Lições de uma vida nada fácil

Depoimento a
Jorge Tarquini

2ª impressão

PANDA BOOKS

Supervisão editorial
Marcelo Duarte

Assistente editorial
Tatiana Fulas

Diagramação
Caroline Biscaino de Melo

Preparação de texto
Alessandra Miranda de Sá

Revisão
Telma Baeza G. Dias
Cristiane Goulart

Foto da contracapa
Carol do Valle

CIP-Brasil Catalogação na fonte
Sindicato nacional dos editores de livros, RJ.

Pacheco, Raquel
O que aprendi com Bruna Surfistinha – Lições de
uma vida nada fácil. / Raquel Pacheco. –
1.ed. – São Paulo : Panda Books, 2006

1. Pacheco, Raquel. 2. Prostitutas – Brasil – Biografia.
3. Drogas e juventude. I. Título.

06-1755. CDD920.930674
CDD 929:392.65

2006

Panda Books
Um selo da Editora Original Ltda.
Rua Lisboa, 502 – 05413-000 – São Paulo – SP
Tel.: (11) 3088-8444 – Fax: (11) 3063-4998
edoriginal@pandabooks.com.br
www.pandabooks.com.br

Sumário

É muito fácil... Basta ficar ali, abrir as pernas e o serviço se faz sozinho, não? Eu também achava que seria mais ou menos assim a tal da "vida fácil". Para minha surpresa, as coisas eram um pouco mais complicadas. Mas cada profissão, reconhecida ou não, tem sua cota de segredos e de lições. Quem nunca teve de cuidar de uma casa, por exemplo, também imagina que a vida das donas-de-casa seja uma maravilha: ficar em casa o dia inteiro, fazer as coisas quando lhe der na telha, sem chefe para torrar a paciência. Ou, então, que o cotidiano do chefe é apenas mandar, enquanto os outros é que carregam o piano. Garanto que o rosário que uma dona-de-casa ou um chefe vão desfiar, se alguém lhes perguntasse se sua vida é fácil, garantiria horas de reais lamentações e justas reivindicações. Comigo, foi a mesma coisa.

De repente, "abrir as pernas" era apenas a ponta do *iceberg* das lições que eu deveria aprender a dominar. Eu tinha de ser, ao mesmo tempo, empreendedora, psicóloga, diretora de marketing, gerente de operações, secretária, gerente de produtos, confessora, *office boy*, gerente financeiro e muito mais – além de continuar a ser eu mesma, a Raquel. Passado o susto inicial da avalanche de ter saído de casa aos 17 anos, a menininha mimada que morava bem, tinha pai e mãe para se preocupar com o sustento, a casa, a escola, o dentista, o custo de vida, teve de dar mão à palmatória: ser apenas filha e estudante, por mais que essas "profissões" também tivessem seu quinhão de tormentas particulares, era bem mais light. Mas não lamento, mesmo.

Eu perdi algumas coisas e ganhei outras. Aprendi muito nesses pouco mais de três anos de "vida fácil". Por mais que tenha tido altos (alguns memoráveis) e baixos (muitos, como as drogas), sei que cresci como ser humano, amadureci e me sinto pronta para novos desafios. Por mais cômodo que pudesse ser continuar levando a vida da Raquel, mesmo com seus obstáculos, que muita gente conheceu ao ler *O doce veneno do escorpião*, foi a vida da Bruna que me ensinou lições importantes para que eu pudesse voltar a ser Raquel – porém, mais escaldada, escolada, calejada e sabendo um pouco melhor o que realmente importa na vida. Seja ela fácil ou não.

Muita gente pode me acusar de estar apenas aproveitando meus "15 minutos de fama" ao lançar este livro. Quem sou eu para julgar os que me julgam? Mas achei que seria positivo escrevê-lo. Primeiro, porque muita gente, mesmo sem ter lido *O doce veneno do escorpião*, partiu para o ataque, dizendo que eu estava fazendo apologia da prostituição e das drogas, incentivando, assim, meninas "desmioladas" a seguir o meu exemplo.

Desse modo, resolvi encurtar o caminho, caso alguém pense seriamente em percorrer a trilha que eu já venci, entregando o "resumão", uma "cola", o "gabarito" de todas as lições que fizeram da Raquel a Bruna, e vice-versa. Porém, a última coisa que quero – e que faria – é propaganda da vida fácil e do caminho das drogas. E muito menos ficar pregando lições... Só quem esteve lá sabe o que tudo isso significa, por mais idealizado que os outros vejam. Sem lição de moral, entende? A segunda razão está no fato de eu sentir que minhas experiências podem ajudar outras pessoas de alguma maneira, gente que nem precisa ter sido, ser ou querer ser prostituta. Se estou sendo pretensiosa? Talvez. Mas eis algo que, se for o caso, quero que alguém me ensine. Na boa.

Aqui, não vou contar a ninguém os "dez passos" para nada, nem vou dar dicas de o que fazer ou não para ter sucesso. Não é disso que se trata. Esse vai ser apenas um relato das lições que o mundo e a vida da Bruna me ensinaram até este momento. Nessa curta, mas intensa trajetória, muita gente fez questão de não me enxergar, como se a simples admissão da minha existência ou de outras tantas garotas de programa, prostitutas, ou seja lá qual o nome que você queira dar, fosse o bastante para contagiá-los com algum tipo de doença incurável. Essa foi a primeira lição: a de que todo mundo merece respeito. Eu mesma, quando pequena, via como meus pais se referiam às putas de beira de calçada da Augusta. Estar do outro lado do balcão – ou, no caso, da janela do carro, mesmo que eu nunca tenha me prostituído nas ruas – foi uma descoberta: mulheres da vida não são a escória. Mas muitas vezes a escória se serve das putas.

Nesse caminho estranho, em que se abre mão de tudo, porém, há muita gente que vai além dessa relação comercial e enxerga a pessoa que está ali. É um pouco como conhecer melhor aquele senhor mal-humorado que atende você todos os dias numa quitanda qualquer por aí. Todo mundo vive um papel na vida. O que me coube, naquele momento, era o da garota que abre as pernas em troca de dinheiro. Simples, não?

Raquel Pacheco

Tolerância

Toda semana, acabava aparecendo um daqueles clientes que você paga para não atender. Aquele que tem um papo muito chato; o outro que nem com banho e reza braba cheira bem; o rude, que transa como se fosse com uma boneca inflável, sem se preocupar se está machucando a garota ou não. E, claro, aqueles com o qual o santo não batia de jeito nenhum. Eu tive um desses.

No primeiro programa que fizemos, não me senti à vontade com ele. Um cara estranho, calado, parecia um daqueles malucos de filme de terror. Quieto, me olhava de um modo que me incomodava. Resultado: acho que fiz um dos piores programas da minha vida (e, acredito, da dele também). Ele não pediu nada de bizarro, como poderia parecer. Seu corpo também não era repulsivo, apenas comum, tirando a falta de um bronze. Mesmo assim, me desagradava além do normal.

Pediu para que eu o chupasse (o que fiz sem nenhum empenho ou profissionalismo) e que deixasse ele gozar na minha boca (o que não deixei nem com camisinha, inventando um machucado). Se ele não curtisse o programa, pagaria e certamente nunca mais voltaria. Mas, já que ele estava lá... Sugeri que ele gozasse, então, durante a transa. Fiquei de quatro e só faltou eu abrir uma revista, lixar as unhas ou assistir à TV durante a transa. Não sei bem por que fazia isso, mas a simples presença daquele homem me incomodava. E eu deixava isso muito claro para ele, de propósito, ainda que a maneira de ele transar não tivesse nada de especialmente bom ou ruim. Era apenas mais um cliente.

Quando o programa terminou, não me senti culpada por nada, apenas aliviada. A raiva que eu tinha dele, sem motivo, parecia uma coisa de carma, sei lá. Ele voltou a me ligar na semana seguinte, porém não reconheci nem o número do celular dele nem a voz. Quando abri a porta, acho que até revirei os olhos, mostrando minha impaciência. O que parecia improvável aconteceu: a segunda transa foi ainda pior do que a primeira. Cheguei a bocejar durante o papis e mamis, depois de ficar totalmente alheia enquanto ele me chupava. De pura maldade, de sacanagem mesmo. E ele não disse nada, como de costume. Até me pagou, apesar de tudo.

Anotei o número dele na memória do meu celular e passei a deixar de atender às suas ligações. Passou um tempo até que, certo dia, quem é que aparece de novo na minha porta? O mr. Estranho... Ele ligou de outro número e eu não reconheci a voz dele. Minha vontade era a de mandá-lo embora, perguntar se ele não se tocava de que eu não queria nada com ele, nem que ele pagasse, humilhá-lo, sei lá. Mas, no meio daquela minha quase explosão, pela primeira vez eu pude ver além da minha irritação. E eu vi um homem que me pareceu muito frágil, sozinho; que, ao me procurar novamente, por pior que fosse o serviço que eu havia prestado a ele, estava me colocando acima dele. A seu modo, ele gostava de mim. Deixava isso claro: estava ali, mais uma vez, ao alcance de minha intolerância e do meu orgulho bobo.

Fiquei envergonhada. Justo eu, que já havia perdido qualquer pudor... Senti-me mais humana pelo gesto dele. Ele não via em mim, certamente, apenas a garota de programa que se propagandeava pela internet (e que já havia, inclusive, descrito no *blog* como tinha sido desagradável a transa com ele, mesmo que não tenha citado nomes, minha regra ética). Ele foi tolerante comigo. Aprendi, portanto, a ser com ele.

A transa não foi das melhores; nem tinha como. Mas foi tranqüila e seria anônima, assim como centenas que tive, não fosse por essa pequena troca que foi além de nossa relação comercial. Acho que ambos aprendemos algo naquela tarde. Nunca mais ele me procurou. Às vezes, fantasio até mesmo que ele não tenha sido real, que foi alguém que só chegou a mim para me ensinar uma pequena lição. Quem sabe?

Porém, nem tudo o que diz respeito à tolerância, no meu caso, tem a ver com coisas estranhas. De qualquer modo, depois disso aprendi a respeitar as manias dos outros. Eu tenho tantas – e detesto que me julguem por elas... Por isso, vale o lema: cada um com suas manias. Isso não quer dizer, em absoluto, que não possa botar reparo...

Um cliente que me chamou a atenção, com quem me controlei para ficar quieta e não dizer nada, é um caso meio estranho – engraçado, não esquisito. Foi uma das poucas vezes em que fiquei sem reação, sem saber o que fazer na hora de transar. Afinal, era uma profissional. Ele entrou no *flat* e não quis papo. Foi logo ficando peladão, tirando minha roupa e colocando uma camisinha. Parece que ele já entrou com o p... duro.

Partiu para cima de mim num papis e mamis e ficou fazendo o movimento, alucinado. Só que tem um detalhe: o p... dele não estava dentro da minha bu..., estava só roçando na minha virilha. Eu fiquei pensando o tempo todo se ele não tinha percebido ou se essa era uma tara dele. Achei melhor não perguntar. E se ele ficasse ofendido? Será que ele vai pensar que está dentro de mim e que sou uma arrombada? Vai saber... E não é que ele gozou assim? Mais estranho ainda: ele ficava perguntando "está gostando?". "Uma delícia", eu respondia. No final, veio a pergunta: "Gozou?". Acho que quem estava de gozação era ele... Mas entrei na brincadeira e disse que sim. Se já é difícil mulher gozar com o p... dentro dela, imagine fora.

Fugindo um pouco da sacanagem... Ter de me submeter a algumas coisas me fez entender melhor todas as pessoas que critiquei a vida toda. Sei que tenho minha opinião, minhas convicções, mas não posso esperar que todo mundo veja o mundo sob minha ótica.

Pode parecer bobo, dizendo assim, mas agora sei que essa tomada de consciência é um rito de passagem indispensável para quem queria crescer, como eu.

Rotina

O dia de trabalho de uma prostituta também tem rotina, como o de qualquer outro profissional. No entanto, devo admitir que havia algumas compensações que ajudavam a segurar a barra. Eu, por exemplo, nunca curti acordar cedo. O mínimo que eu podia fazer para me compensar da labuta que tinha hora para começar, mas nunca para acabar – dependendo dos programas noturnos em casas de *swing* –, era iniciar o expediente só depois do almoço.

Assim, eu me entregava aos lençóis até às 12 horas, do jeitinho que vim ao mundo. O banho, mais do que uma rotina, era parte do meu trabalho. Tinha de ser demorado, cuidadoso (e que também se repetia depois de cada programa). Preguiça de cuidar das unhas e do cabelo? Nem pensar. Seria como uma comissária de bordo toda desarrumada. Você aceitaria algo servido por ela? Nem eu...

Meus cabelos, na verdade, não dão muito trabalho, pois são naturalmente lisos. Eu tinha de estar pronta por volta da hora do almoço, vestida, maquiada, cheirosa e bonita. Mas nada de exageros. A roupa, ao contrário do que muitos imaginam, precisa ser provocante sem ser vulgar. Insinuar em vez de mostrar. E ser fácil de tirar (ou de ser tirada). É mesmo muito mais excitante... Ah, como é essa roupa? Bem, geralmente uma saia curta, um top ou uma blusa curta, que deixasse o umbigo de fora. Nos pés, uma daquelas sandálias de salto, para impor um pouco mais de tamanho (no meu caso – rs). Por baixo das roupas, nada de *lingerie* cheia de frescuras. Claro que eu não usava calçolas. Mas eu preferia ser básica: calcinha de algodão, geralmente branca, talvez com um detalhe em renda, discreto. Eu sou jovem e tinha de tirar proveito da tara que isso provoca nos homens.

Claro que havia clientes que chegavam a me trazer *lingeries* de todos os tipos, para satisfazer as fantasias deles. Alguns clientes já pediam para eu me vestir de um jeito tal ou tal para quando ele chegasse. Eram poucos, mas havia. O mais comum era pedir que eu me vestisse como uma colegial. Ah, a pedofilia...

Uma coisa que aprendi nessa vida: o primeiro cliente, o das 13 horas, quase sempre é casado, tem entre 30 e 35 anos, e procura discrição – por isso usa o horário de seu almoço para a pulada de cerca. O cuidado com que pendura a roupa no cabide, ou a maneira de evitar qualquer contato enquanto está vestido, mostra que é precavido. Por isso ele chega de leve. Eu me divertia muito nesses programas imaginando que aqueles caras casadoiros poderiam ser casados comigo. Faziam bem o meu tipo...

Depois que o risco de deixar provas do crime nas roupas é eliminado, a coisa esquenta. Fico me perguntando por que eles não pegam suas mulheres daquele jeito. Seria vergonha? Seria por timidez da esposa? Ou talvez o fogo tenha se apagado, mesmo que transas quentes assim já tivessem sido uma coisa normal entre eles? Será que as mulheres não curtem dar e receber um bom sexo oral? Pois, comigo, eles faziam e recebiam de bom grado, e com certa maestria. Passado o tempo de lambidas e chupadas, esse homem casado quer mesmo é experimentar todas as variações possíveis: ser cavalgado, comer minha bu... comigo de quatro ou mesmo experimentar um tempero diferente no feijão-com-arroz do papis e mamis – que é como ele curte gozar.

Após o tempo protocolar de recuperação (é muito raro, posso afirmar com precisão científica, "dar duas sem sacar da moringa". E quem diz que consegue ou mente ou apenas expressa um desejo), geralmente partimos para um 69 comigo por cima, para reanimarmos a partida até que chegue o prato principal: comer minha bundinha. Se as esposas, namoradas e afins tivessem disposição para aprender, garanto que a dor passa a ser prazer depois de algum tempo. Mas tem de se liberar de preconceitos e relaxar – muito. Na hora da segunda gozada, ele quer que seja na minha boca (mulheres, também não é tão ruim como se imagina, apesar de eu só deixar com camisinha). Fim de jogo. Lá vai o meu cliente tomar seu banho e vestir-se novamente de trabalhador-marido-pai-padrão. Sei que o próximo já me aguarda, mas vou tomar meu banho e tirar cinco minutos de soneca. Ninguém é de ferro.

O segundo, na maioria das vezes, ou é estudante ou tem uma profissão que lhe permite ficar na rua, tipo vendedor ou algo assim. Afinal, já são 14 horas. Não sei por que, mas a maioria dos mimos que ganhei, como caixas de bombons e outros, foram dados pelo segundo cliente. Também, em geral, é nesse horário que vêm os reincidentes, aqueles que estão no segundo ou terceiro programa comigo. E, por não estarem mais tímidos, curtem uma boa putaria... Melhor para mim. Brincamos de tudo: punheta, espanhola, chupadas, carinhos, fio terra no meio do 69, momentos de sexo selvagem e outros de namoradinhos. Por estarem mais à vontade, alguns chegavam mesmo a dar três durante um programa. Claro que não sobra muito tempo para papo, mas o negócio dele é produtividade, certo? Então, vamos nessa!

Chega a hora da sessão da tarde. Digo isso pois quem bate à minha porta, nesse horário, normalmente é um garotão, bem novinho. Eu não curto muito, para ser sincera. É uma questão de preferência, só isso. Mas não dá para deixar de atender aquele garoto: pele macia e rosada, quase sem barba. O grande barato, já que não faz meu tipo de homem, é fazer um favor às futuras mulheres que vão cruzar o caminho dele: ensino a chupar direito, guio a transa, baixo a ansiedade dele e o ajudo a descobrir que mulher não é foto de revista nem boneca inflável: mulher de verdade é diferente. Por isso, a transa deve ser gostosa para os dois, numa boa. E ele foi um bom aluno, me fazendo gozar com sua boca jovem e sem a aspereza da barba dos mais velhos. Parecia uma mulher me chupando, de tão suave que foi. Pena que, na hora da penetração, ele gozou rapidinho, pois já vinha de uma chupeta gostosa na qual me apliquei especialmente. A segunda demorou um pouco para acontecer, pois ele voltou a ficar ansioso e o p... dele não subia. Depois que conseguiu, contudo, a coisa engrenou: foi uma transa mais demorada, com ele me comendo no papis e mamis.

Às 16 horas foi a vez de uma dupla de garotões. Ganha um doce quem adivinhar o que eles querem experimentar... DP, claro. Sim, a famosa *dupla penetração*. O começo é sempre estranho para os caras. Não sei se ficam envergonhados ou tímidos pela presença de outro homem nu na cama. Ou, vai ver, a proximidade do p... de outro homem é que intimida os mais inseguros, o medo da comparação ou de falhar. Coisas da cabeça masculina.

Chega uma hora, porém, em que o constrangimento da situação desaparece e eles descobrem o bom da festa, e então relaxam. Aí é que a coisa começa a ficar interessante. Sempre começo com um revezamento de chupetas. Dependendo do tamanho, sempre tento enfiar os dois juntos na boca, brinco com as bolas deles, punheto um enquanto chupo o outro.

Hora do show! Escolho sempre o mais bem-dotado para colocar deitado de costas. É ele que vai comer minha bu... Depois, com cuidado para não deixar escapar, arrebito minha bundinha. Nesse dia, tive uma surpresa: o outro cara resolveu dar um banho de língua no meu buraquinho antes de me invadir. E olha que ele nem ficou muito intimidado com a proximidade do amigo que comia minha bu...

Com algum esforço (não é fácil, mesmo), ele conseguiu se encaixar na minha bundinha. Isso me deixa plena, em todos os sentidos. Nas primeiras vezes, confesso, é um pouco incômodo. Porém, com o tempo e a experiência, você aprende a relaxar bem o ânus e descobre a melhor posição. Você sente dois p... dentro de você, como se fosse um polvo, entrando por todos os seus buracos. Só não dá certo se um desses caras for muito ansioso. Isso porque tem de saber mexer um de cada vez, tudo em um ritmo muito próprio: um vai e o outro volta. E eu galopava gostoso, seguindo o ritmo, como em um galope de verdade: se não souber montar, fica batendo o cóccix na sela...

Sabe que às vezes eu acho que homem curte DP porque não tem coragem de tocar no p... de outro e aproveita a oportunidade? Afinal, é uma parede bem fina que separa os dois dentro de você. Eu consigo sentir o esfrega-esfrega dos dois p... dentro de mim. Eles também devem sentir. E é muito engraçado ver como os dois ficam cuidando para não se encostar de jeito nenhum. Mas tem horas que não dá. Os garotões deste programa, por exemplo, pediam desculpas um ao outro cada vez que esbarravam na coxa, nas pernas, ou apenas na mão do outro. Como não tenho sonho nem vontade de ver dois homens se pegando, melhor para mim, certo?

Perto do final da tarde, surge um casal de amantes. Não entendi direito se são casados com outras pessoas. Disseram-me apenas que são "parceiros de sexo". Acho a idéia muito moderna, de verdade. Sem envolvimento emocional, assumem o tesão que sentem um pelo outro e buscam manter essa atração experimentando tudo juntos. E como experimentam!

Ele queria se passar por *voyeur* de duas mulheres se pegando. Não achei nada mau atender a esse pedido. Até porque ela era muito interessante. Magra, com seios pequenos mas apetitosos, bem branquinha, sem ser "leitosa". Pelo jeito como as coisas começaram, percebi que não era a primeira vez dela com outra mulher. Apesar de arfar muito, gozar várias vezes, ela não fazia o tipo "filme pornô" – e a transa foi bem gostosa. Eu nem me lembrava do cara, que ficou na beira da cama, se acabando numa punheta alucinada.

Foi só depois de nós duas termos experimentado tudo uma com a outra, mas sem falos ou consolos, apenas com nossos dedos e línguas, que ele entrou na brincadeira. Nós duas fizemos dele um verdadeiro sultão, servido por duas gatas já muito satisfeitas. Nem cheguei a transar com ele, já que ela tratou de cuidar daquele p... enorme e muito duro. Ele comeu a bu... dela, que cavalgava gostoso, enquanto eu me coloquei de cócoras sobre sua boca, para ele me chupar gostoso. E nós duas ficamos livres para continuar a brincar uma com o peito da outra, trocando beijos deliciosos. Mal vimos o tempo passar e já eram 19 horas. *Game over*. Eu tinha de descansar um pouco e me preparar para mais tarde fazer um programa com um cliente no *swing*. A noite prometia.

Bem, essa era minha rotina – igual à de qualquer prostituta com uma agenda cheia de compromissos. Contei tudo isso por uma razão: para mostrar que, se você substituir os programas por tarefas de outras pessoas, um homem de negócios ou uma dona-de-casa, por exemplo, tudo no final vira uma repetição meio sem fim. Duvida? Troque a palavra "programa" por reuniões de trabalho ou por arrumar-a-casa-levar-o-filho-à-escola-fazer-o-jantar. Quando a gente está fora de uma realidade, sempre tende a romantizar a do vizinho. No fundo, as coisas são todas muito parecidas. Mas não posso negar: aprendi que eu gostava do que fazia – o que sempre ajuda a enfrentar o cotidiano.

Religiosidade

Durante toda a minha vida, criada na tradicional fé cristã, acreditei em Deus, nos princípios do cristianismo – mesmo que não fosse praticante. Mas nada disso impediu que, assim como minha família, eu me aproximasse do espiritismo. Na verdade, não me vejo "praticando" uma religião, mas tendo fé nos seus princípios. Se Deus (ou Buda, ou outro nome que cada cultura dá ao seu Ser Superior) é um denominador comum, sei que a fé chega até Ele.

Desde pequena, meus pais me ensinaram que ter fé não significa ter crédito, aquela coisa de ficar pedindo, negociando coisas. Isso me fez uma pessoa que nunca rezou pedindo nada, para ninguém. A única vez que pedi algo em minhas orações foi para meus pais: queria que eles pudessem ficar bem, ser felizes, apesar de tudo o que eu vinha fazendo para eles.

Se passamos por alguma dificuldade ou provação, temos de entender que tudo faz parte de um plano maior, que carregamos sob a forma de carma. Assim, segundo os preceitos do espiritismo, temos repetidas chances de modificar ou "resgatar" esse carma a cada encarnação – quando reencontramos as pessoas de vidas passadas para poder "fazer diferente".

Se isso é verdade, não sei. Não vou impor isso para ninguém. Mas, como acredito nessas verdades da religião, por mais sofrimento que eu tenha passado e feito outras pessoas passarem, sei que nada foi gratuito. Nada a ver com "quem deve para quem". Contudo, essa intricada teia que se formou em torno da minha adoção, de tudo o que minha família e eu vivemos, da chegada da Bruna e da sua própria história, está longe de se desfazer.

E é essa fé que me faz acreditar – e batalhar – na reaproximação com meus pais. Não quero deixar passar a chance de tentar, se não consertar, ao menos reiniciar nossa história, aproximando nossas vidas e finalmente resgatando esse carma que nos colocou juntos. Isso, tenho certeza, independe do tipo de religião na qual cada um acredita. Se todas elas têm no aprimoramento do ser humano em sua passagem por esta vida seus pilares, a mensagem serve tanto para quem crê numa seqüência de vidas encadeadas quanto para os que vêem nesta existência sua chance para terminá-la como seres humanos melhores.

Com tudo o que vivi como a Raquel adolescente e a Bruna, sei que criei novos "pecados", dos quais terei de me "redimir" de alguma maneira, desfazendo tudo de mau que minhas ações causaram às pessoas que me cercam. Eis um belo desafio que tenho pela frente. Conto com minha fé para conseguir ter forças para chegar lá. A lição que ficou é que não dá para passar por essa vida impunemente.

Homossexualidade

Nunca tive muitos problemas com quem curte ir para a cama com pessoas do mesmo sexo. Talvez seja porque eu mesma sempre tive muita curiosidade (ok, vontade mesmo). No colégio, dava para ver quais eram os meninos que levavam jeito, assim como as meninas. Mas eu conseguia perceber, também, que isso não era determinante. Tem horas em que estar com o sexo oposto é gostoso. Tem horas em que estar com o mesmo sexo é gostoso. Ou com os dois ao mesmo tempo.

Mesmo tendo experimentado muitas vezes o sexo com outra mulher (com a maioria delas em programas, e com algumas por gosto mesmo), há duas memórias que eu nunca vou esquecer: a primeira vez, com minha amiga do Bandeirantes, e certa noite, num *swing*. Nesta ocasião, havia todo o tesão de experimentar algo novo com alguém que conhecia e em quem confiava. Na segunda, o tesão bateu mesmo.

Eu estava de bobeira com um cliente meio mala, que parecia não estar se divertindo muito. Certamente não estava. Resolvi ir à luta por minha conta e risco e inventei que tinha de ir ao banheiro. Então fui dar um rolê. Para piorar as coisas, só tinha gente desinteressante, uns homens nada a ver e umas tias. Nunca me senti atraída por elas. Porém havia uma que me pareceu chamativa. Não pela aparência, mas pelo jeito com que me olhou. Ela me despiu com os olhos, no entanto não foi de um jeito vulgar. Difícil de descrever. Só sei que aquele olhar fez com que eu automaticamente me esquecesse de que ela era uma "tia" e fui ao seu encontro na sala onde ela tinha os peitos sendo chupados por um coroa; acho que era o marido dela.

Cheguei perto e fiquei apenas observando a cena. Meu cliente havia me seguido, apesar de eu nem ter notado sua presença. Ela me perguntou se eu não gostaria de participar da brincadeira. Sem nem piscar, disse que toparia qualquer coisa, desde que fosse apenas com ela. O parceiro dela e o meu cliente, meio altos, sugeriram irmos para um dos reservados.

Algo mágico aconteceu quando eu dei o primeiro beijo nela. Sabe aquela coisa de o beijo combinar? Pois é... O nosso combinou como poucas vezes na minha vida. Um beijo com cheiro bom, textura da língua gostosa, movimento sedutor, saliva na medida certa, lábios aconchegantes. Se ela beijava assim na boca, imagina o que não faria na minha bu...

Confesso que me entreguei. Não era a garota de programa que estava ali, mas uma mulher completamente seduzida por outra. Costumo ser dominante, mandar. Naquele momento, porém, me deixei levar. Queria ser servida. As mãos dela passearam por todo o meu corpo, com um toque nem tão delicado que não provocasse tesão, nem tão rude que me fizesse esquecer que estava com outra mulher.

Suas mãos tocaram meus seios, massagearam meus mamilos, escorregaram pela barriga e percorreram minha cintura até chegar à minha bundinha. Logo depois, uma língua com vida e vontade próprias perfazia o mesmo caminho, porém sem se desviar para as costas: seguia direto ao meu bem aparado monte de pêlos, brincando com eles como quem, ansiosa por encontrar refúgio, cavava seu caminho em direção a minha bu...
Foi um choque de alta voltagem. Mal ela tocou sua língua nos meus lábios vaginais, senti minhas pernas

estremecerem. Praticamente com ela colada a mim, dei um jeito de me deitar. Com calma, mas também com firmeza, ela me invadia como quem adivinhava meus pensamentos: bastava eu desejar para ela ir mais devagar, mais depressa, mais fundo ou mais de leve, que ela obedecia.

Nos vários orgasmos que tive, devo ter arrancado muitos fios de cabelo dela, já que segurava com força dois tufos, um em cada mão, como quem quer parir para dentro, tudo para fazer com que ela não desgrudasse de mim nem por um segundo.

Sentir suas mãos delicadas segurando com força minhas coxas enquanto se deliciava com minha bu... era um complemento perfeito. Nem me importei em tentar retribuir tudo aquilo. Fiz mesmo o papel da menininha impotente diante de um ser dominador. Gozei muito naquela noite. Depois que nos despedimos com um beijo delicado e um abraço quase apaixonado, a presença de meu cliente me fez voltar à realidade. Nós acabamos nem transando, mas naquela noite ganhei duplamente: o dinheiro do programa e uma transa inesquecível.

Na vida que levei, aprendi que, quando a gente quer algo, tem de ir atrás, e que, na busca pelo prazer, não existe distinção de raça, cor, credo ou sexo. O máximo que vai acontecer, depois de uma abordagem, é você ouvir um não. Ali, com aquela mulher e naquele ambiente, nenhuma das duas disse nem ouviu um não – cujo risco era mínimo. Claro que paquerar alguém do mesmo sexo pode embutir um perigo extra: o de levar uns bons tabefes. O que é mais comum entre homens, ao menos pelo que ouvi falar e pude ver. Se os homens se permitissem deixar a atração rolar desse jeito, não digo que todos curtissem ter uma relação homossexual, mas que teriam de se controlar muito mais... ah, isso teriam, sim. Afinal, tesão não escolhe razão. É tudo química, não é?

Homens, lembrem-se: todo mundo sabe que vocês, quando moleques ou adolescentes, não têm qualquer pudor em se masturbar uns na frente dos outros, de medir o p... um do outro. Depois que viram adultos, ficam inseguros e implicam com essa coisa de mulheres indo juntas ao banheiro. Que insegurança! Eu sei que sou mulher, gosto de ser mulher e não me sinto menos mulher quando sou atraída por outra. Permitam-se mais, garotos. E se descobrir (nem sei se essas coisas a gente descobre ou já nasce sabendo, mas não admite) que gosta da coisa, vá à luta. O negócio é ser feliz, completo. Mas sempre com camisinha, com respeito, com prazer. Isso vale para todo mundo, sempre.

Vergonha

Toda vez que me perguntam se eu sinto vergonha do que fiz, a resposta vem de bate-pronto: "não, não me envergonho". Sabe por quê? Particularmente, me envergonho muito mais das coisas que fiz com minha família, de ter roubado, enganado, mentido. Na prostituição, não existe nada disso. É preto-no-branco, tudo combinado. E o combinado não é caro nem barato, certo?

Foram muito poucas as vezes em que me senti intimidada por alguém por causa da minha profissão. Uma porque eu nunca deixei; sempre soube me impor – diante de clientes, diante da sociedade. Outra por pensar exatamente isso: eu não estava trapaceando, não estava roubando, não recebia mensalão e vendia algo que sempre me pertenceu.

Claro que, no começo da profissão, tinha um certo pudor de tirar a roupa na frente de estranhos, de ver estranhos sem roupa etc. Mas isso durou pouco. Não há nada mais natural do que o corpo humano. Nem por isso a primeira vez deixa de ser algo estranho.

Naquele quartinho do privê, com aquele cara que era metido a ginecologista (veja a história em *O doce veneno do escorpião*), eu não sabia direito o que fazer. Embora não fosse virgem, já havia me despido para os namorados. Naquela situação, contudo, não tinha paixão alguma envolvida. Não sabia o que esperar: se eu tirava tudo e ficava esperando, se deixava rolar um clima e ele tirar a minha roupa. Muito estranho...

Eu tinha de, ao menos, fingir que dominava a situação. Como o cara não fez menção de tomar a iniciativa, percebi que seria do jeito mais inusitado: ele tirava a roupa dele e eu a minha, bem "profissional" (depois de algum tempo descobri como fazer do *striptease* um algo a mais no programa). Fiquei meio na dúvida se pendurava a roupa, já que o meu cliente se mostrou bem preocupado em não amassar a dele. Clima zero...
Por mais que soubesse exatamente o que estávamos

fazendo ali, as mãos subiram automaticamente para os seios, enquanto minha calcinha sobrava em meu corpo. Da mesma maneira, não pude evitar aquele olhar de avaliação sobre o corpo dele. Nada era sexy. Apesar de as meias não terem furos, nada provocava excitação. A cueca dele era normal, azul-marinho (eu tenho tara pelas brancas). Mas não eram as minhas vontades que mandavam ali. De cueca mesmo (ainda bem que tirou as meias. Não há nada mais brochante para uma mulher, seja ela GP ou não, do que cara que transa de meia. HOMENS, POR FAVOR!!!).

O corpo dele estava longe de ser feio. Porém, em igual distância estava do que me "acende" na cama. E as minhas mãos insistiam em ficar na defensiva. Quando finalmente consegui baixá-las, éramos dois estranhos, quase totalmente nus, frente a frente. Por fim, ele tomou a iniciativa e me pediu para deitar; tratou de tirar minha calcinha. Daí para a frente, já que aquilo tudo era inevitável, eu queria mesmo era relaxar (na medida do possível na situação) e gozar (ou deixar ele gozar, pois a festa era dele). Afinal, a última coisa que o cliente faz é julgar você. Por isso, a vergonha passa logo. Estamos todos no mesmo barco.

Algumas coisas conseguiam me deixar, talvez não envergonhada, mas tímida. Principalmente quando algum cliente me pedia algo que eu nunca havia feito. Foi assim quando o primeiro me pediu para ser o "bruninho". Claro que eu já sabia que isso existia, mas saber é uma coisa – fazer é outra bem diferente.

Eu até tinha achado o cara interessante, apesar de ele ser bem tímido. Pela aliança, vi que era casado. Achei que, na hora em que ele soltasse o "monstro" de dentro dele, teríamos um programa alucinante. No começo até foi. Muito oral, de ambas as partes; muita pegação forte. Quando estávamos embalados no meio de um 69, ele enfiou um dedo no meu c... Deixei. Mas, de repente, ele puxou minha mão em direção à bunda dele (linda, por sinal). Comecei a pegar nela, mas ele insistiu em guiar minhas mãos e entendi: hora de fazer fio terra. E lá foi meu dedo cumprir a missão, na boa. Não era o primeiro que me pedia.

Quando partimos para a transa, ele me pegou de jeito e meteu em mim de quatro. Depois que gozou, falou diretamente pela primeira vez: "você topa me comer?". "Se você deseja", respondi disfarçando bem a surpresa. Nada a ver com julgamentos, de imaginar o cara como *gay*, nada. Já me armei com o cinto especial, aquele que vem com um p... acoplado, ele ficou de quatro e eu o comi, sem-cerimônia. E não é que o cara agüentou tudo na boa, sem reclamar?

Mas não ficou gemendo nem fazendo frescuras. Foi macho do começo ao fim.

Com a freqüência com que isso passou a acontecer, logo virou rotina, coisa banal. Outras novidades foram se somando ao cardápio de taras no meu dia-a-dia. Foi a mesma coisa quando um cliente me pediu para fazer a chuva dourada em cima dele. O máximo foi quando um cliente me pediu uma chuva negra. Tive de fazer um esforço muito grande para satisfazer a vontade dele (já que eu não estava com vontade nenhuma). Consegui respirar fundo e vencer aquilo de alguma maneira. Até garotas de programa têm de manter o mínimo de privacidade e de pudor em alguma coisa. No caso das prostitutas, aprendi, nesse dia, que nem isso era permitido. Eu até sabia que isso existia, mas esperava nunca ter de encarar... Confesso que tive de vencer minha vergonha, me concentrar muito e lembrar, para mim mesma, que aquilo não era eu. Tinha de tentar manter o mínimo de sanidade para passar por aquilo sem ter de correr depois para puxar umas duas carreiras bem batidas de pó.

Outro dia li que há muitos médicos e executivos que usam droga por causa do trabalho. Deve existir um correspondente à chuva negra no dia-a-dia desses caras, com certeza. Olha lá eu, já mudando de assunto de novo. Pensando bem, não estou mudando de assunto. Por alguma razão, por mais que fosse o meu cliente quem quisesse ser humilhado – e tirar prazer dessa estranha humilhação –, eu estava indo muito além dos meus limites.

O resumo da ópera é que fiz, sim. E isso me fez muito mal. Também me senti humilhada. Primeiro, porque tive de fazer um esforço muito grande para vencer minhas próprias barreiras. Depois, porque essa é uma das coisas que gostaria, se fosse possível, de apagar da minha memória. Não me envergonho de ter feito, mas senti vergonha de precisar ter feito. Entendeu? Acho que nem eu.

Empreendedorismo

Desde sempre, gosto de dinheiro. Assumo. Quem não gostar que atire a primeira moeda (de preferência, perto do meu cofrinho). Tive uma fase difícil, é verdade, que envolveu uma relação meio doentia com o vil metal, que vinha desde a infância. Afinal, foi por conta dela que acabei aprontando com meus pais, vendendo escondido as jóias da minha mãe para poder comprar drogas e outras bobagens, apanhando muito por causa disso e quase indo parar na Febem. O final dessa história foi eu sair de casa para cair na vida.

Se eu já era meio rebelde quando ganhava o meu sem precisar fazer muita coisa, na casa dos meus pais, imagina o choque de ter de trabalhar num privê, enfrentar todo tipo de cliente (se não topasse o programa tinha de pagar do bolso a parte que caberia à casa) e dar metade de tudo o que eu ganhava a uma cafetina. Tudo bem que havia a casa, a estrutura, a segurança e algumas comodidades. Mas eu não nasci para ter chefe – que dirá sócios. Ao menos não um do tipo que deixasse a parte dura do trabalho para mim.

Senti que eu tinha dentro de mim a semente do empreendedorismo. Resolvi alugar um *flat* e, mais uma vez, saí de casa – dessa vez deixando para trás, em vez de meus pais, uma cafetina. Hoje vejo que não planejei muito, pois o que eu queria era sair do privê. Foi tudo muito impulsivo, concordo. Não recomendo isso a ninguém, pois a chance de dar errado é muito grande. Eu não tinha idéia de quanto eu precisava ganhar para levar uma vida equilibrada (financeiramente falando). Enfim, era bem amadora. Tanto que, passado o "salto no escuro", caiu a ficha: agora, tudo era por minha conta e risco. Só aí me ocorreu que era preciso fazer contas. Sim, tinha de saber quanto eu realmente precisava para pagar os meus "custos fixos": aluguel e condomínio do *flat*, despesas de alimentação, cuidados médicos e de beleza (os dois últimos básicos para o meu "negócio"), transporte e como investir a receita. Foi quando tive o primeiro susto: teria de trabalhar muito para cobrir essas despesas e, de saída, ainda cortar alguns supérfluos. No meu caso, eram as drogas – responsáveis por boa parte dos meus gastos. Enquanto estive no privê, mal me importava em cheirar no final da noite quase tudo o que ganhava durante o dia: no dia seguinte viria mais. Agora, era diferente...

Conversei com alguns amigos e também com clientes que pudessem me dar algum toque. Eu não sabia sequer o que fazer com o dinheiro. Por vários meses eu o guardei em um saquinho, pois nem sabia como abrir uma conta no banco. Durante muito tempo passei pelo medo de estar com o dinheiro. Mas isso logo se resolveu. O maior problema, mesmo, era dominar completamente o negócio. Agora, tudo era comigo: os brinquedinhos para os clientes, bem como camisinhas, toalhas limpas, sabonete líquido (para nenhum cliente correr o risco de encontrar pêlos de outro cara no sabonete) e todo o resto, o agendamento dos programas, o gerenciamento de custos.

"Abrir as pernas", na maioria dos programas, era a parte mais fácil. Algumas vezes, por exemplo, eu me esquecia de checar o estoque de toalhas limpas, me descontrolava. Resultado: tinha de comprar novas, pois não podia interromper o atendimento. No fim da minha carreira, tinha mais de oitenta toalhas brancas. Dava para abrir um bazar. Um verdadeiro desperdício de capital.

Para os negócios propriamente ditos, fiz também uma pesquisa informal, basicamente um bate-papo com as "primas", para saber como cada uma se virava. No fim das contas, eu teria de escolher entre dois "posicionamentos empresariais" dentro do negócio: ter alto giro, oferecendo serviços por um custo menor, ou girar menos, mas ganhar mais a cada programa.

Dei uma sondada com algumas primas desse último time. Elas chegavam a cobrar até 500 reais por um programa simples. E tinham clientes, apesar do preço. Segundo elas, havia muito tempo de sobra, trabalho picado em poucas sessões por semana. Porém, eu detesto ficar sem fazer nada e já tinha colocado em mente ganhar o máximo possível no menor espaço de tempo. Esse ramo é como o futebol ou a vida de modelo: tem prazo de validade – e bem curto. Além disso, minha personalidade agitada não servia para essa coisa de "ficar esperando". Eu queria que as coisas acontecessem depressa. Fui para o giro rápido.

Espero que ninguém imagine que isso significava serviço ruim, impessoal, do tipo *fast-food*. Longe disso: não é só preço que conta no meu ramo. Se você aliar qualidade a um custo razoável e souber fazer seu marketing, você se torna imbatível. Hoje eu sei, mas na época foi puro instinto. Como não queria morrer fazendo programa, por mais que estivesse ganhando bem, precisava colocar uma meta. A minha era parar de me prostituir. Isso me levou a um outro ponto: quanto quero ganhar e em quanto tempo? E quanto eu consigo de lucro (o tal "receita menos despesas")? Eu já tinha em mente a vontade de parar de fazer programas, não sem antes conseguir juntar uma boa quantia. Tudo dependeria, então, do meu planejamento estratégico.

Foi aí que inventei a história de fazer uma lista de tudo o que eu queria para mim, somar o preço dos itens e pegar o total que eu queria conseguir me prostituindo. Deu uma grana preta. Mesmo assim, resolvi dividir o montante em quinhentas cotas. Cada vez que atingia uma dessas cotas, depositava em um banco e riscava no meu caderno o número correspondente à cota alcançada. Isso facilitou atingir o objetivo: não pensar na meta final, mas ter diversas metas menores ao longo do caminho. Deve funcionar em qualquer situação e, quando eu quiser poupar para conseguir algo, vou repetir a dose.

Próximo desafio: eu tinha de me fazer conhecer para além dos clientes que me acompanharam do privê. Se a propaganda é a alma do negócio, no meu caso ela era o corpo também. Acabei anunciando em alguns *sites*. Dão bom resultado, mas é tudo meio loteria. Explico: uma das vantagens que você tem ao trabalhar para alguém é que tudo é responsabilidade do chefe, no meu caso, do cafetão. É como um emprego normal. Se falta toalha, você cobra do cafetão. Se acabou o sabonete para os clientes, reclame. Se um cliente ameaça você, chame pelo chefe (ou pelo segurança). Se os negócios não vão bem, culpa do chefe. Se vão bem, como sou "a boa".

Algum tempo depois que me transferi para o *flat*, numa das minhas noites de depressão, comecei a procurar na internet algum *blog* que falasse sobre garotas de programa. No começo, queria apenas ver se todas passavam pelas mesmas coisas que eu. Para minha surpresa, não havia muita coisa sobre GPs além de *sites* com ofertas de serviços e outras bobagens. Uni o útil ao agradável: sempre tive tara pela internet, amo computadores e passo horas navegando. Já que não existia nenhuma GP disposta a contar sua vida em um *blog*, então que eu fosse a primeira. Bingo! Ser a pioneira, como a experiência se revelou depois, trouxe frutos que eu não esperava, de verdade.

Na prostituição, o boca a boca conta muito (não é sexo, pô, é quando as notícias se espalham...). Homens, apesar de dizerem que as mulheres têm a língua solta, não resistem a contar aos outros suas transas e também a contar vantagens. Isso já funcionava muito bem comigo, pois sempre vinha alguém querendo conhecer a garota que foi tão elogiada por fulano ou beltrano. Porém, quando comecei o *blog* descrevendo meu dia-a-dia, minhas transas com clientes, atribuindo-lhes notas e tudo, a coisa virou uma febre.

Em pouco mais de dois meses, o meu *blog* era um dos maiores sucessos da internet. Isso fez muito bem para os negócios... Os clientes vinham até mim, sem eu ter de correr atrás deles. Sei que isso não serve para qualquer ramo de atividade. Mas qual GP imaginaria que a internet fosse funcionar tão bem? A gente nunca deve desprezar nenhuma idéia, por mais estúpida que ela pareça à primeira vista. Admito que eu mesma achei isso no começo.

Talvez inovar seja um sinônimo para empreender. Nem sei se tem a ver com as "bíblias" de marketing essa minha idéia – mas estamos aqui falando de instinto, de iniciativa, de aceitar os riscos e aprender sempre. E, no fundo, de fazer aquilo que você acredita que esteja certo, tendo, porém, clareza de saber se está fazendo bobagem e corrigir a tempo.

Respeito e Amor próprio

Eis uma coisa que todo mundo precisa saber: respeito é a base de tudo. Sei que as prostitutas estão no ponto mais baixo da "cadeia alimentar" da sociedade humana. Mas não estamos sós: já vi cada barbaridade cometida por gente muito "fina" contra garçons, arrumadeiras, motoristas de táxi... A lista é longa.

O caminho mais fácil para deixar essas coisas acontecerem é simplesmente deixar que elas aconteçam. O caminho mais rápido para isso é a falta de amor-próprio. Nada como ser humilde ou saber qual é o seu lugar – coisa que escutei muito durante minha vida toda. Sabe aquela coisa de alguém em posição subalterna puxar conversa e depois alguém perguntar: "será que ele não sabe o lugar dele?". As pessoas não sabem como se portar diante de pessoas que se respeitam e têm amor-próprio.

Explicando: na vida de todo mundo, sempre aparece alguém que, para se sentir melhor, humilha o primeiro que encontra. É a teoria do "chutar o cachorro". O sujeito leva uma comida do chefe, desconta na secretária. Ela, por sua vez, resolve salvar o dia dela ralhando com o *boy* – que por sua vez chega em casa e solta a raiva no irmão menor. O coitadinho, na falta de alguém menos graduado, chuta o rabo do cachorro da casa.

Quando você está sozinha em um quarto com um homem estranho, você não tem como "levantar a ficha", ficar fazendo inventário do estado de espírito do cliente. Como saber se o sujeito está a fim de humilhá-la, de fazê-la ser o "cachorro" da história? Para evitar saber a resposta, o negócio é se impor. Não com arrogância, mas deixando claro que estamos no mesmo patamar: duas pessoas que estão ali para fazer a mesma coisa. Nunca trabalhei em uma empresa, por exemplo, mas acho que não abandonaria minha tática.

Nas poucas vezes em que aconteceu um desrespeito comigo nas casas onde trabalhei, simplesmente saí. Nas ruas, ando com um pouco de receio, confesso.

Imaginem se alguém começar a me chamar de puta no meio do supermercado? Mas isso não vai acontecer, por causa da postura. Para quem imagina que uma ex-garota de programa é um bicho, o negócio é surpreender: ser o mais comum possível, vestida como qualquer garota de minha idade, comportando-me como qualquer garota.

É verdade que tive muitas primas que não enxergavam assim, e faziam de sua agressividade um escudo. Era a tática de "o ataque é a melhor defesa". Já vi muito isso acontecer também com amigos *gays*. Eles fazem questão de, sob uma falsa capa de ser assumido, agredir antes que alguém agrida, soltando a franga a qualquer tempo e em qualquer lugar; fazem questão de beijar o namorado na frente de quem quer que seja. Imaginem uma garota de programa agindo o tempo todo como uma... garota de programa. Chamar de tesão o caixa do supermercado, elogiar a bunda do passageiro ao lado no metrô, chegar junto e oferecer um programa por tantos reais.

Sei lá, acho que tudo deve ter hora e lugar. Nunca me senti ameaçada enquanto fiz programas. Teve até um cara que – eu não sabia antes – era sádico e gostava de bater nas garotas de programa com quem ia para a cama. Felizmente, só soube disso depois da transa:

ele confessou, dizendo que não tinha tido coragem de me bater, pois eu parecia uma garota "normal"; disse que no dia seguinte ia pegar uma puta para dar uns bons tapas. Bem, se essa desavisada não se deu o respeito, não tem amor-próprio a ponto de não se impor, certamente realizou a fantasia do meu cliente... E olha que nem precisa ser GP para se impor mesmo. O que eu já ouvi de histórias de mulheres, namoradas, amantes e outras que são humilhadas, não dá para contar. GP ou não, sou e tenho de ser mais eu.

Marketing

Desde que entrei na vida de putaria, já sabia que aquela situação teria um curto prazo de validade. Esse era apenas o primeiro passo para que eu pudesse ser eu mesma, trilhar um caminho próprio. Meio pretensioso quando você simplesmente abandonou o colegial, não tem nenhum preparo para exercer profissão nenhuma ou a menor idéia do que vai fazer da vida. Toda vez que converso com adolescentes, percebo hoje que aquele desejo que eu tinha de ser dona do meu nariz não foi uma exclusividade da Raquel. Ainda assim, fui dar a cara para bater. E apanhei muito, podem acreditar. O privê foi o caminho que eu escolhi, na absoluta falta de outro. De cara, percebi que as coisas não seriam muito fáceis, o que só fez apressar minha decisão de sair dessa vida. Porém, aquele era apenas o primeiro dia.

Por mais que a fantasia de fazer sexo com um grande número de pessoas, homens e mulheres diferentes, realmente me excitasse, não queria fazer daquilo a minha profissão. Mas aí é que entra a sinuca de bico na qual me meti. De um lado, o prazer desenfreado de uma vida sem limites: literalmente, sexo, drogas e *rock-'n'-roll* – não necessariamente nessa ordem. E grana entrando todos os dias. De outro, uma menina infeliz, mas sem coragem de pedir arrego para os pais, já acostumada (ou seria resignada?) com tudo aquilo. Eu não tinha chegado até ali para nada.

Quando eu finalmente encontrei no *blog* uma maneira de me expressar, de contar para as pessoas um pouco mais de mim, descobri que o que eu queria, de verdade, era ser reconhecida. Não que eu quisesse ser uma *pop-star*. Porém, já que estava naquela vida, queria ser a melhor. De alguma maneira, isso me faria diferente, menos "um pedaço de carne" ou apenas alguém com uma história que os outros queriam ouvir. Sim, eu queria atenção.

No momento em que o *blog* virou uma febre, levei um susto. De repente, pessoas roubavam minha senha, colocavam coisas piratas no *blog*, tentavam se passar por mim. Que loucura! Chegou até a circular uma história de que eu não existia. Pode? Isso mesmo: começaram a dizer que, na verdade, aquelas histórias todas do *blog* eram invenção, que a Bruna nunca existiu, ou que talvez eu fosse um garoto, inventando tudo aquilo só de sarro – e, mesmo que fosse uma garota, não passava de balela, que nunca havia me prostituído. Repentinamente, virei a "loira do banheiro", quase uma lenda urbana, daquelas que "um primo de um vizinho do amigo do meu colega de academia" tinha presenciado. Por mais que eu continuasse a fazer de cinco a seis programas por dia. Não deixava de ter seu lado engraçado...

Para alguém que só queria ser ouvida, a coisa saiu melhor do que a encomenda. Mas acendeu também uma pequena luz no final do túnel: o medo de parar com os programas deixava de ter sentido. Eu ainda não sabia direito como, mas tinha certeza de que o dia estava próximo.

Escrever no *blog* todos os dias virou um prazer maior do que todos os outros. A droga já estava no passado. Os sentimentos confusos com relação a meus pais e minha história, também. Eu voltei a me sentir uma pessoa de verdade – e ainda por cima querida, de certo modo.

De tanto ouvir de um monte de gente (clientes, inclusive) que eu tinha uma cabeça marqueteira, achei que eu poderia usar a própria prostituição para sair dela. Como? Exatamente do jeito que eu, instintivamente, já vinha fazendo: contando minha história na putaria.

Daí nasceu o desejo de escrever o primeiro livro. Ironicamente, sabia que ao lançar *O doce veneno do escorpião* eu estaria de alguma maneira dizendo adeus à "vida fácil". Não fazia mais sentido nenhum eu continuar nela. Parar de fazer programas exatamente na época do lançamento do livro era a única coisa a fazer.

Todo mundo sabe (e eu vim a saber depois) que, no mundo dos negócios, todo produto tem um ápice e, depois dele, só há a decadência. Para se manter lá no topo é muito difícil. Mas esse era o momento da virada de mesa. Se eu queria novas oportunidades para sair, tinha de ser no auge. Se eu queria uma oportunidade para realizar outra coisa na minha vida, tinha que ser nesse momento.

O inesperado sucesso do livro me abriu uma série de portas, por meio das quais minhas idéias podiam florescer. Falo de me tornar uma *business-woman*, licenciando minha marca, criando a linha de sabonetes, tendo tempo para pensar em palestras. Mesmo que eu tivesse voltado a ser a Raquel, aprendi que tinha um produto que todo mundo queria: Bruna Surfistinha. Também sabia que, depois disso, ela não precisava mais se prostituir.

Sei que essa coisa de fama é passageira. Cabe a mim, então, concretizar projetos para que ela continue andando. A chance para dar o primeiro impulso foi dada. Vou agarrá-la com todas as minhas forças, com meu instinto e, claro, com o marketing. Sei que muita gente acredita que (e alguns até torcem para) eu vá tropeçar. Pode até acontecer. Ninguém sabe o dia de amanhã. Mas podem acreditar: voltar para a prostituição seria a última alternativa – e não a primeira, como aconteceu aos 17 anos.

É estranho saber que as pessoas querem saber tudo sobre você. Basta ver a curiosidade em torno do filme que vão fazer com base no livro *O doce veneno do escorpião*. Minha maior preocupação, hoje, é viver isso sem deixar que tome conta de mim, me deslumbre, interfira na minha vida com o João Paulo. Talvez eu tenha me livrado dos programas, mas não sei se poderei, algum dia, deixar de ser uma "personagem", que é quem viverá esse lado do glamour. Enquanto isso, Raquel continuará a levar sua vida do jeito que gosta: amando e sendo amada, rindo, brincando, chorando, sentindo saudades, procurando redenção. Como qualquer ser humano sobre a face da Terra.

Compensações

Um dos maiores enganos que cometi na vida foi entrar naquelas de me "compensar" por tudo de ruim que me acontecesse. Com certeza não é nenhum pecado mortal você se dar algo de presente depois de um dia ruim. Sei lá, comprar um chocolate e sair da dieta, ir a um bom restaurante, comprar uma roupinha nova. Mas isso, no meu caso, virou uma coisa cotidiana, como se todos os meus dias fossem ruins (e alguns eram, como os de qualquer pessoa). Minha vida se transformou numa seqüência de "365 dias ruins por ano" – que se refletiam, também, nas minhas finanças pelos 12 meses seguintes. Demorei a entender isso – e quem pagou o pato foi minha conta bancária, fato que também quase me custou a vida.

Porém, pior do que abrir um rombo nas minhas contas, eu perigosamente criei uma falsa contabilidade para a minha vida. Como nem comidinhas nem os presentinhos que me dava regularmente tinham mais o efeito de aliviar a barra, a droga virou o ponto de equilíbrio no balanço diário da minha vida. Enfim, eu estava infeliz todos os dias. E todos os dias eu recorria às drogas.

A passagem da maconha do Bandeirantes para a cocaína nos outros colégios foi um pulo que nem eu sei precisar muito bem. A primeira vez foi uma pilha só. Eu estava extasiada pelo efeito, pelo brilho, pelo jeito de a cocaína deixar você ligado. Claro que isso tudo deve ter se potencializado com a explosão de hormônios própria da adolescência, quando seu corpo e sua mente reagem ao extremo a qualquer estímulo com a violência de um tsunami.

Mas a ladeira desenfreada que eu desci só foi acontecer mesmo no privê. Até porque, lá, eu ganhava para sustentar o vício. Um programa ruim? Drogas. Ficou de bode? Drogas. Recebeu um olhar atravessado de alguma prima? Drogas. Sempre escondida, como se o que eu fizesse para ganhar a vida, também escondida, já não fosse o bastante. Que ironia: criar um esconderijo dentro do esconderijo. Caso para análise na veia. Ops, no divã.

Cada carreira que eu cheirava e cada *beck* que eu queimava me tiravam da realidade momentaneamente, me faziam esquecer um pouco tudo o que acabara de viver. O que eu realmente gostava nas drogas, naquele ponto da minha vida, não era a loucura, mas o torpor. Conseguia sair de dentro de mim mesma por alguns instantes.

Lá no privê tudo era organizado, por mais que a cafetina não soubesse – ou fingisse não saber: o mesmo traficante, conhecido de todas nós, fazia entregas regulares, sem perigo. Eu nem precisava sair: as drogas chegavam até mim. No máximo, ia buscar na esquina. Mesmo quando eu estava sem dinheiro, elas vinham – e eu me endividava. Mas não queria nem saber. Eu precisava daquilo como de oxigênio. Um dia sem drogas era um martírio absurdo. E eu "viajava", mergulhava de cabeça naquela sensação louca. Muitas vezes, eu viajava imaginando que nada na minha vida tinha acontecido de verdade. O real passava a ser o estado de barato total, e a vida, uma *bad trip*.

Na verdade, nem sempre era bom. Tinha as *bad trips* de drogas também, bem mais comuns do que as *good trips*. Demorou muito tempo até eu ter clareza de que se drogar quando você não está bem só reforça o mal-estar. Mas eu perseguia, claro, a sensação única da primeira vez. Mesmo assim, eu já havia sido pega pelos dois pés e não conseguia me mover um milímetro de onde me encontrava paralisada.

Eu perdia o controle sobre mim, sem a menor condição de reagir, só de me deixar levar. Quando eu voltava, estava um caco, não gostava nem de me olhar no espelho, pois aquilo não era eu nem o que eu queria ser ou parecer. No entanto, tudo aquilo foi, durante muito tempo, mais forte do que eu. Até que me decidi, depois de um grande susto, a parar de vez.

Quando voltei à consciência, depois de uma *overdose*, cheguei a imaginar que tivesse morrido e ido para o céu. Quem segurou essa barra comigo foi a Gabi, uma grande amiga, de verdade. Depois eu falo um pouco mais dela. Tive vontade de me jogar pela janela, tive ímpetos de quebrar tudo. Parecia o Taz, aquele bicho do desenho animado. Quando passava o pico da paranóia, e mesmo durante os surtos, Gabi esteve lá. Isso foi muito importante. Claro, ela também foi muito corajosa.

Nessa ocasião eu aprendi, do jeito mais doloroso, que o caminho de volta é ainda pior que o de ida para as drogas. Afinal, não havia nada que me tirasse, nem mesmo momentaneamente, daquele inferno da abstinência que se somasse às minhas neuras preexistentes. Foram visões, desesperos e aflições infundadas, boca seca, corpo trêmulo, você não consegue nem comandar seus pensamentos, que viajam por tudo isso sem que você possa fazer nada. Era um pesadelo, eu sabia que era um pesadelo, mas, ao contrário dos pesadelos, eu não acordava quando descobria que era apenas um pesadelo. Tudo aquilo era real.

Quando as drogas se tornaram página virada na minha vida, eu sabia também que teria de colocar um ponto final na prostituição. Por mais que olhar para a frente e não enxergar uma saída fácil, e, mesmo assim, caminhar em direção a esse cenário desconhecido possa parecer suicídio. Era exatamente o contrário. Eu precisava deixar tudo isso para trás – a grana fácil (no sentido de que vinha todos os dias), os horários flexíveis, entre outras pequenas vantagens que me escravizavam – e pensar no resto da minha vida.

Fico imaginando as pessoas que, em vez de se afundarem no pó ou em outros entorpecentes, enfiam o pé na jaca com comida ou outras compulsões. Igualmente devastador... Até mesmo amor demais pode ter esse efeito destrutivo. Conheci pessoas que se anularam por causa de amor – mesmo que migalhas de atenção, recebidas em doses homeopáticas de suas "paixões", fosse tudo o que tivessem de volta. Mas era o bastante para elas – ou assim preferiam acreditar. Tudo muito parecido com o efêmero prazer das drogas: por um instante, elas tinham o dom de me tirar do olho do furacão, que era ser eu mesma.

Uma coisa que me empurrava para essa espiral maluca das drogas com muita força era um fato que eu, na verdade, deveria comemorar: a entrada de grana todos os dias. Se eu me drogava para esquecer como era o meu dia, eu dependia exatamente dessa vida para ter o "alívio" das drogas. E permanecia um pensamento de que "sempre haverá mais amanhã". Mais prostituição, mais grana e mais drogas.

O que mais vicia na prostituição, ao menos com garota de programa com agenda cheia, é o dinheiro que entra todos os dias. Basta querer trabalhar. Tudo bem que, em alguns casos, das poucas amigas que fiz durante minha carreira de GP, mudar de vida virou um pesadelo ainda maior. Imagina ter de sustentar família, por exemplo, e ganhar 600 reais por mês numa loja de shopping – quando isso você conseguia em uma tarde de trabalho. Sei que a minha trajetória para mudar de vida não é parâmetro. Tem a questão do livro, da fama, coisas que abrem portas para saídas mais honrosas e que ajudam a ganhar a vida sem perder tanto nos rendimentos. No entanto, para essas poucas amigas... Olha eu mudando de assunto de novo!

No mundo em que vivi, cansei de ver gente tentando, a qualquer custo, dar "a cartada", aquele golpe de sorte para garantir grana e vida realmente fáceis. Sempre tem alguém tentando passar o outro para trás. No caso das primas, o velho e bom sonho de encontrar um cara mais velho (de preferência beeem mais velho), rico e que, mesmo sem muito fôlego para o rala-e-rola, caia de amores por ela, a ponto de "adotá-la" ou literalmente casar com ela. Quando isso não acontecia, bastava tirar grana da bolsa de uma prima mais descuidada – como eu, por exemplo. Por isso não dá para fazer amizades. Ou pelas diferenças pessoais, como em qualquer trabalho, seja pela inveja, sempre presente, seja pelo simples fato de que há mundos muito diferentes, mesmo dentro dos limites de um clube privê recheado de prostitutas.

O que lamento nessa roda-viva é o fato de que, se não fosse a "loucura" das drogas, eu teria conseguido juntar muito mais do que juntei. Isso vale para todo mundo. Sabe aquela coisa de "crediário a perder de vista?". Pois é: a gente nunca pensa em quanto está gastando, mas apenas em se conseguimos pagar a bendita prestação. Isso tira da gente (ao menos tirou de mim, por muito tempo) a perspectiva de longo prazo. Acabamos nos rendendo ao prazer imediato, ao aqui e agora, se compensar com uma felicidade fugaz – e não percebemos que apostar no futuro pode valer a pena. Vale o velho ditado: vem fácil, vai fácil. Por mais que o "vem fácil" não seja de todo tão "fácil"...

Diversão

A gente ganha pouco, mas se diverte. Bem, não era esse o meu caso, já que levantava bons rendimentos com o meu trabalho. Mas o lado da diversão foi realidade. Eu entrei sem muita experiência no negócio (para não dizer quase nenhuma). Imaginem a quantidade de fantasias que povoavam minha cabeça de 17 anos quando descobri que poderia também realizar as minhas fantasias – sempre quando se encaixavam na fantasia do cliente. Afinal, o cliente é quem manda.

Uma das minhas fantasias eu só consegui realizar depois de uma pequena intervenção do bisturi. Sim, foi quando coloquei o silicone e pude, finalmente, oferecer a tal "espanhola". Morria de inveja das mais fornidas, que eram escolhidas pelos clientes apenas por aquele atributo – mesmo que não fossem as mais bonitas, nem as mais gostosas, nem as mais aplicadas na arte do sexo profissional.

Tudo bem que, depois de algumas vezes, confesso que perdeu um pouco a graça. Mas foi uma fantasia realizada. É muito curioso você ver o p... duro aparecer e sumir entre os seus peitos, como se você estivesse vendo uma transa de dentro da vagina. Fora que a mulher se sente realmente poderosa, segurando os seios, apertando para que eles fiquem bem juntinhos para uma transa completa.

Outra fantasia que realizei no exercício da profissão foi a suruba. Nunca teria coragem de juntar um bando de amigos e fazer uma – nem em sonho. Então, que seja com um bando de clientes e, na pior das hipóteses, também com outras primas. E assim foi. Eu me senti a cerveja mais gelada da praia naquela hora. Um monte de p... duros por minha causa, p... por todos os lados. Um em cada mão, um na boca, um na bu... e, às vezes, um também no c... Não digo que seja uma coisa para se fazer todos os dias, mas que todas as vezes em que rolou valeu a pena, ah, isso valeu.

Eu nem desconfiava que tivesse esse fetiche, pois realmente nunca havia me passado pela cabeça: dominação. Não, eu não curto ser dominada. Descobri que prefiro dominar. Nada de dor, coisas *hard*. Porém, na primeira vez em que um cliente me pediu para xingá-lo, para bater nele, comecei meio tímida. De repente, me senti poderosa. Arranhei, dei tapas, xinguei, dei ordens. "Me chupa", dizia, enquanto pegava com as unhas a cabeça dele e enfiava no meio das minhas pernas, apertando até sentir que ele sufocaria sem ar. Depois, dominava a transa, prendendo os braços dele para não poder se mexer nem se defender. É um tesão muito diferente ter alguém à sua mercê. E mandar ele não gozar enquanto você não gozar – e ele obedecer. Nem sei direito o que me deu, mas a sensação foi maravilhosa.

Representar o papel de bruninho, mesmo que não fosse, ao menos para mim, o mais excitante, foi uma fantasia que me agradou. Nas vezes em que dei minha bundinha, ficava pensando se o cara seria tão "enérgico" e desajeitado se soubesse como pode ser dolorido, se não for feito direito, com jeito e com carinho. Cada vez que me pediam o bruninho, a sensação de dominação batia de novo. E lá ia eu, sempre poderosa. Claro que nunca machuquei ninguém (não tenho essa fantasia, mesmo). Mas que bate uma sensação de poder, isso bate.

No fim do meu tempo como GP, posso dizer, com toda segurança, que realizei também as minhas fantasias. Não vou dizer que eram muitas em princípio, porém se tornaram fetiches a partir do momento em que, ao colocá-las em prática, descobri prazeres insuspeitos.

Fatalidades

"Isso nunca me aconteceu antes." Costumo brincar que dinheiro fácil não existe nem quando o cliente brocha. Afinal, você precisa tentar até o fim fazer com que funcione... Mas não queria chorar pitangas. Era outra coisa que eu queria contar.

Eu realmente não acreditava que homens podiam falhar. Nas minhas poucas experiências com homens antes de virar GP, todos sempre me pareceram ter nascido de p... duro. Quando isso aconteceu comigo pela primeira vez (e só aconteceu comigo profissionalmente), não entendi. Por mais que eu fizesse, que chupasse o cara, que tentasse masturbá-lo, que fizesse tudo o que estivesse ao meu alcance,

tive minha estréia na cena do "isso nunca aconteceu comigo antes".

Na hora, é bem verdade que passei do estado de saco cheio a um pouco insegura. Será que eu estava fazendo algo errado? Seria como uma mulher ir ao salão de beleza e sair mais feia e desarrumada do que havia entrado. Senti um misto de pena e de frustração. Conversei com algumas primas, mas elas definitivamente não tinham sensibilidade para discutir seriamente o assunto. "Larga a mão de ser boba. Se o cara brochou, melhor para você, que ganha sem trabalhar", dizia uma. "O cara não dá no couro e fica se enganando, vindo em um puteiro", criticava outra.

Eu sabia bem o que era transar sem estar com vontade ou com tesão. Porém, no meu caso, valia a velha máxima de "abrir as pernas" (óbvio que depois de chupar, ser chupada, masturbar...). Confesso que sentia pena, mesmo, de um cliente quando isso acontecia. Eu, ao menos, não tinha de "ficar de pé" na hora de transar...

Imagino o que passa pela cabeça de um homem quando isso acontece... porque é a ocasião em que ele saca a pior das frases. Sim, aquela do "isso nunca...". Sei lá, o cara podia estar estressado, com problemas, realmente a fim de uma boa trepada, mas "as cabeças" não ajudaram. Fiquei um pouco incomodada com a postura das primas, mas sei que é quase a mesma que têm namoradas, esposas, amantes e afins: diminuir o homem. Caramba, se um cara brocha comigo na cama, vamos evitar essa saia-justa, sem fazer drama, sem esticar a conversa. Tem tantas coisas que são gostosas de fazer antes e depois do sexo.

Eu criei um método muito pessoal (e profissional) de encarar essas situações: eu simplesmente fingia que estava tudo bem, continuava investindo nas preliminares, deixava o cara à vontade para continuar me chupando na bu..., na bundinha, nos peitos, e tudo virava uma brincadeira. Sempre funcionou. Depois, engatava um papo para descontrair, caso não chegássemos mesmo às vias de fato. Conversa light, sem chegar a tocar nesse assunto tão delicado.

Era raro um cliente que brochasse comigo não voltar uma segunda vez, mais seguro, disposto e, claro, duro. Ainda não aconteceu isso na minha vida "civil". Mas, se acontecer, já sei como lidar.

Preconceito

Eu sinto o preconceito na pele, desde a infância. Por ter sido uma criança obesa, cresci escutando piadinhas e apelidos maldosos das pessoas ao meu redor. Quando somos crianças, a nossa ingenuidade não nos permite compreender o motivo pelo qual as pessoas não nos aceitam do jeito que somos. Para falar a verdade, muitas pessoas também não aceitam as diferenças dos outros, mesmo quando adultas. Eu tinha poucos amigos e, pelo fato de não ter auto-estima, também não procurava conviver num grande círculo de amigos. Não era convidada para brincar na hora do recreio e as crianças me isolavam.

Quando coloquei na cabeça que precisava emagrecer para ser aceita, perdi pouco mais de vinte quilos. Passei a ser um padrão de beleza, como as pessoas costumam dizer, mas eu não era feliz. A minha felicidade era comer horrores e sentir prazer com a comida. Na adolescência tive bulimia por causa deste trauma que carreguei da infância. Mudei minha maneira de ser por causa das pessoas ao meu redor.

Quando nos mudamos para São Paulo e fui estudar no colégio Bandeirantes, me tornei patricinha (vulgo *patty*), usava apenas roupas caras, da moda e de "marca". Senti o preconceito novamente na pele, embora eu reconheça o quanto era metida, pois queria mostrar para as pessoas que eu era filhinha de papai. Eu era feliz assim, gostava de abrir o meu armário e apreciar as minhas roupas. Eu andava apenas com pessoas que, se não eram patricinhas ou mauricinhos legítimos, se consideravam como tal. Mas ouvia comentários maldosos das turminhas que não faziam parte da minha. Nessa época eu nem me importava, empinava o nariz e saia andando.

No entanto, continuava não entendendo o porquê de as pessoas não respeitarem o modo de viver dos outros.

Alguns anos depois, me tornei garota de programa e, dessa vez, senti o verdadeiro preconceito na pele. Ser considerada apenas um "pedaço de carne", vagabunda e sem caráter, foi algo que doeu no inicío, até que apertei o botãozinho do "foda-se". Hoje tenho autoconfiança e sei que não sou nada disso.

No final, quando eu já estava na mídia, os clientes passaram a me respeitar mais, pois viram que existia um ser humano atrás da Bruna, a prostituta que eles usaram. Os comentários que ouço, os milhares de *e-mails* que recebo, são muito gratificantes para mim. Ainda mais quando comentam que, após lerem o meu livro, mudaram de opinião quanto à prostituição. Muitos dizem que eu consegui acabar com o preconceito deles.

Por outro lado, o preconceito ainda existe. Mesmo quando eu ainda era prostituta, sei que muitos clientes enchiam a boca numa mesa de bar entre amigos (principalmente quando havia mulher por perto) e falavam mal das prostitutas, xingavam-nas de todas as maneiras possíveis, mas quando a cabeça de baixo falava mais alto, lá iam eles procurar por alguma profissional.

No fórum *GP Guia*, onde eu sempre estive em evidência, os homens competem com quem é mais macho. Ao mesmo tempo que considero algo hilário, acaba sendo patético. Palavras escritas por eles acabam se tornando uma grande contradição. Num tópico aberto um tempo atrás tinha o título: "E se você descobrir que a sua filha é GP?". Eram respostas horrendas, Deus me livre ter um pai como esses! Embora o meu pai não tenha tido uma atitude muito diferente.

A verdade é que muitos homens pagam por sexo, na maioria casados e com filhos, mas não aceitariam de maneira alguma a possibilidade de ter uma filha prostituta. Saber que a mulher que eles escolheram para subir ao altar e a quem juraram fidelidade e amor até que a morte os separe, foi, no passado, antes de conhecê-lo, uma profissional do sexo? Nem pensar! Para a maioria desses homens é como se tivessem levantado a tampa do caixão.

E esse preconceito é muito estranho porque quem não gosta de homossexuais não freqüenta boates GLS; por outro lado, quem não aceita uma prostituta na família, freqüenta o mundinho da prostituição com a maior cara-de-pau.

Eu tinha preconceito com a prostituição até sentir na pele o que é ser uma. Tive de aprender que a vida de uma garota de programa não é tão fácil quanto parece ser.

Talvez estes homens não aceitem um parente que venda o corpo, porque sabem o quanto que esta opção de vida seja difícil. Muitos tratam as prostitutas como objetos e não gostariam de imaginar a filhinha tendo o mesmo tipo de tratamento. Essa talvez seja a explicação mais fácil, ou pelo menos, a que eu prefiro acreditar.

Para quem não faz parte da prostituição, seja de forma direta ou indireta, é muito fácil julgar. Nestes longos quatro anos, percebi que o preconceito diminuiu bastante, talvez eu tenha uma ponta de culpa nisso. Fico feliz cada vez que escuto: "Eu tinha preconceito, mas depois de ler o seu livro, comecei a respeitar as prostitutas".

Mesmo assim, quem ainda julga ou critica acaba pegando muito pesado na forma de se expressar. Apesar de não ser mais garota de programa, ainda sofro esse preconceito, seja por pessoas que não acreditam que existam "ex-prostitutas", seja por pessoas que ainda condenam o meu passado. Além disso, percebo que muitas pessoas ficaram chocadas com o meu sucesso. "Mas como assim?" – se perguntam. "Como pode ter alcançado o sucesso por ter sido prostituta?" Eu li vários comentários em que diziam a mesma coisa: "Este mundo está perdido!".

Eu e o João Paulo também sofremos preconceito por causa da nossa relação. Mas posso dizer que tem sido muito bom, pois é o que fortalece o nosso amor. Muitos amigos, que se diziam amigos dele, nos criticaram. Mas esse obstáculo que enfrentamos juntos é uma prova de amor. Se ele está comigo, independentemente da aprovação das pessoas, é porque ele realmente me ama.

O preconceito ainda existe, seja por cor, ética, crença ou opção de vida. Mas é preciso mudar, pois ninguém é melhor do que ninguém.

Na verdade, e sendo muito sincera, o preconceito atual não me incomoda. Eu vivo a minha vida e nunca deixaria de agir naturalmente só porque há preconceituosos de plantão. Continuo com a mesma opinião de quando ainda me prostituía: Ninguém paga as minhas contas, sou feliz da maneira que vivo, o corpo é meu, a vida é minha, me abalar por quê? Assumo que no começo não foi fácil, demorei para aprender que é impossível agradar a todos.

O que me incomoda de verdade é a hipocrisia das pessoas. Isso me tira do sério. O que mais vejo são seres humanos que se fazem de santos. Tudo bem que são santos do pau oco, porque duvido que alguém tenha um passado limpo, sem nenhum erro cometido. E acaba até sendo engraçado, e até patético, saber que esses "santos" são os que mais me criticam.

E isso envolve tudo, desde mulheres que se prostituem por debaixo dos panos, que estão na mídia, mas se fazem de sonsas quando o assunto é prostituição. Eu não faço auê, finjo que não sei de nada, mas fico pasma com tanta hipocrisia! Mas olho querendo dizer: "Eu sei, querida, que você é prima. Você não me engana!". E não me engana mesmo. Eu poderia escrever uma lista dessas mulheres, algumas tenho como provar, já outras não, e até explicar que focinho de porco não é tomada, estarei respondendo por processos. Sim, porque estas mulheres morrerão sem ter assumido.

Também não acho justo dar nome aos bois ou às vacas, como queiram. Brincadeirinha. A vida é delas, se querem ser santas para a sociedade, que sejam felizes desta maneira, desde que não fiquem jogando pedrinhas em mim, pois são as que menos me atingem. E digo mais: quem tem teto de vidro, pelo que eu saiba, não pode jogar pedras nos outros...

Quantas pessoas criticam, enchem a boca para falar mal das prostitutas, mas não sabem que muitas vezes têm uma pessoa querida que é, mas esconde. No mundo da prostituição trabalhei com muitas meninas que eram casadas ou que tinham algum parceiro que desconheciam sobre a profissão delas. A maioria das meninas, na realidade, esconde dos familiares e dos próprios amigos. Há algumas mulheres que atualmente são casadas, vivem de modo completamente diferente. Então, antes de criticarem, tenham a certeza de que não há nenhuma pessoa que você considera querida que não seja. É fácil criticar as vidas alheias sem olhar para o nosso próprio umbigo ou ao nosso redor....

Ninguém até hoje teve a coragem de me criticar olhando nos meus olhos, por que será? Covardes essas pessoas, não?

Além disso, a mídia, quando a "bomba" surgiu de que eu teria participado de uma traição, tratou da situação como se fosse o único caso do mundo, como se ninguém nunca tivesse escutado a palavra "traição" ou desconhecesse o significado. O preconceito entra novamente, fizeram da nossa relação uma questão que abala a sociedade: "Você trocaria a sua esposa por uma prostituta?". Me poupem, né? Então se eu tivesse sido a estagiária, secretária ou sei-lá-o-quê dele, tudo bem ele ter traído? Teria sido mais normal para você?

O que nós mais vemos nas revistas de fofocas são casos de traição. Em vez disso, por que não se preocupam em passar informações sobre como superar problemas conjugais, como haver conquistas diárias numa relação? Sim, porque num relacionamento estável ninguém pode se acomodar, é preciso haver conquistas diárias. Ou, então, por que não passam dicas sexuais, de comportamento, orientação para que as relações fixas se tornem melhores? Enfim, que passem aos casais informações positivas para que ninguém desista do amor. Não seria mais digno?

Quanto a esta situação que vivo, só posso dizer que estou com a consciência totalmente tranqüila. Não roubei marido de ninguém. A impressão que dá é a de que, certo dia, eu toquei a campainha do apartamento do casal, amordacei a fulana, puxei o marido à força para morar comigo. E a realidade é completamente diferente. Para começar, não nos apaixonamos da noite para o dia, e o nosso amor também não nasceu do nada. Foram quase cinco meses de uma amizade linda, com muita cumplicidade, coincidências (para não falar destino) e muitas conversas. Sabíamos que alguém sairia machucado desta história, mas resolvemos, juntos, seguir o nosso coração.

A nossa história é muito bonita, não chega a ser um conto de fadas, mas posso dizer que nos reencontramos. Seguimos caminhos diferentes durante algumas décadas e nos encontramos.

Além disso, eu tenho uma teoria: Quem ama, cuida. E quem ama, não trai. E para um bom entendedor, nesse caso, uma frase basta.

Ninguém queira se fazer de coitadinho ou de injustiçado. Ninguém é melhor do que ninguém. Chorar pitangas pra quê? O mundo dá muitas voltas...

Fama

Uma das coisas que aprendi muito rápido sobre a fama, além de ela ser absolutamente efêmera e muito gostosa, é que até mesmo as pessoas que ajudaram você a chegar lá vão trabalhar para derrubá-lo. Tem outra: nem todo mundo que lhe sorri é seu amigo; não existe freio para a invasão de sua privacidade – e por aí vai.

Eu nunca quis expor ninguém. Não citei o nome de pessoa alguma no meu primeiro livro. Mas sempre chega alguém para pegar carona no seu bonde já em movimento – e para sentar na janelinha. Tudo bem que qualquer história tem dois lados. Porém, há coisas que me deixaram muito triste, abalada.

Eu estava tentando me reaproximar de meus pais por intermédio de meu cunhado. Um processo delicado, dolorido, em que as vitórias vêm aos poucos e demoram uma eternidade para acontecer. Por isso, queria deixá-los afastados de toda aquela avalanche que havia tomado conta da minha vida. Se eu resolvi me mostrar para o mundo todo, ninguém tinha de passar pelos constrangimentos que vêm em decorrência disso. Principalmente meus pais.

Houve uma passagem totalmente desonesta da produção de um programa de TV. Eu sempre tive muito cuidado para não deixar que pessoas que não fossem de minha total confiança soubessem que o Pedro se chama João Paulo, o nome real da Gabi, minha melhor amiga, e o dos meus pais. No caso dos dois primeiros, a coisa é até fácil. Mas o nome dos meus pais está nos meus documentos...

Por causa desse pequeno detalhe, toda vez que eu precisava enviar meus documentos para algum programa, para autorizar o uso de imagem, por exemplo, eu tomava o cuidado de enviar uma fotocópia, com o nome deles coberto. No caso de fax, tomava a mesma precaução. Mas houve um dia em que cheguei em uma emissora e me disseram que, por alguma razão, precisariam do original. Na hora, meio sem saber o que fazer ou dizer, entreguei. Nunca imaginei que eles pudessem usar aquela informação de forma tão baixa...

Pois não é que, alguns dias depois, ao falar com meu primo, soube que cada milímetro de avanço que havia feito na direção de me reaproximar de meus pais havia sido tragado pela produção daquele programa que, com o nome de meus pais, fizera uma busca na lista telefônica e havia tentado fazer contato?

A coisa ficou ainda pior quando duas viaturas, uma da Rede TV! e outra da Bandeirantes passaram a ficar estacionadas na porta do prédio dos meus pais, esperando um furo de reportagem, flagrar alguém da minha família ou até mesmo conversar com eles. Ainda bem que, com o tempo, desistiram. Porém, o estrago estava feito. Os mínimos avanços que eu pudesse ter feito foram todos por água abaixo. Claro, e com toda razão, meus pais achavam que eu é que os estava expondo. Eu pensaria a mesma coisa.

Minha tristeza também não foi menor quando tentaram expor a vida do João Paulo, levar seu nome e de sua família para a lama, fato que teve caráter tão íntimo. Se o João Paulo quisesse contar para o mundo todos os detalhes de sua vida antes de estarmos juntos – ou mesmo de nossa vida em comum –, caberia a ele fazê-lo.

Um dos primeiros programas ao qual fui logo que *O doce veneno do escorpião* foi lançado foi o do Jô Soares. E o João Paulo foi comigo. Nos bastidores, ficou acertado com a produção que ele não apareceria. Na hora de gravar, ele foi levado pela produção até a platéia e o colocaram em uma cadeira, como qualquer outro. Fiquei em pânico quando vi que havia uma câmera bem ao lado dele, naquela escadinha da platéia. Mas resolvi não encanar. Afinal, esse era o combinado. E o combinado não é caro nem barato; apenas o combinado.

A entrevista foi tensa, pois admito que não fico à vontade na TV – e o Jô não ajudou nem um pouco. O pior ainda estava por acontecer: o Jô pergunta sobre o Pedro. Respondi que estávamos juntos. Não é que o Jô resolve perguntar se ele estava na platéia? Sacanagem. Ali, naquele momento, se eu tivesse um pouco mais de presença de espírito e não estivesse tão nervosa, pediria para parar a entrevista. Aquele não era o combinado.

João Paulo foi apanhado de surpresa, assim como eu. Nem deu tempo de dizer se ele estava ou não na platéia e eu já vi o rosto dele no monitor. Do jeito como o Jô conduziu a conversa forçada com ele, ele acabou mentindo a respeito de sua profissão: disse que era empresário. O Jô ajudou para que tudo parecesse pior. Da maneira como brincou com o termo "empresário", o João Paulo ficou parecendo meu cafetão...

Na seqüência dessa exposição em cadeia nacional, não foi difícil chegar à ex-mulher dele. Ela tem todo o direito de ir aonde bem entender, se expor da maneira que bem entender. Eu realmente consigo compreender o sofrimento dela. Mas nunca tripudiei ou fiz algo parecido. Nem o nome verdadeiro do Pedro as pessoas sabiam naquela época. Tampouco o nome de qualquer pessoa que citei no livro. Respeitei tudo isso.

Ela acabou sendo "descoberta" pela mídia, posando para a *Playboy*, numa foto bem produzida, de bom gosto, para uma matéria que expunha a todos nós (ela como vítima, o João Paulo como um vilão ou uma vítima de uma prostituta, e eu, claro, como a própria), com o título: "Você trocaria esta gata por uma garota de programa?". Eu realmente não tenho nada contra o desejo dela de expor a própria versão da história – mesmo que eu não tenha falado nada sobre ela em entrevistas ou no primeiro livro. Eu havia tomado todos os cuidados possíveis para que ninguém se machucasse... *O doce veneno do escorpião* nem de longe fala dela ou do fim do seu casamento. Enfim...

Eu havia ido ao programa da Luciana Gimenez e batera recordes de audiência. Tanto que o programa foi reprisado algumas vezes, com sucesso. Ela tocou no assunto de traição, entre outros. E não é que ela usou tudo isso contra mim, quando levou a ex-mulher do João Paulo ao programa? Caramba, eu virei a madrasta da Branca de Neve ao vivo, em rede nacional. O que mais me deixou abismada foi a capacidade de a Luciana fazer caras e bocas de espanto com a história que ela contou. Logo ela, que também "destruíra" um casamento de anos ao engravidar de um roqueiro! Não que eu ache isso anormal. Essas coisas acontecem. Mas querer subir o Ibope à custa de hipocrisia? Sem comentários...

Aliás, hipocrisia é o que não falta nesse mundinho da fama. Teve outro apresentador que também me deixou apavorada quando fui responder a algumas perguntas no seu programa. E olha que, mais uma vez, o Ibope foi alto.

Pois bem, ele me perguntou sobre muitas coisas que estavam no livro e confrontou várias declarações que dei em diversas entrevistas. Mas havia uma pergunta que eu achei que ele não faria. E ele fez. Acho que até minha pressão caiu, porque eu senti um frio absurdo, mesmo dentro de um estúdio e com um monte de refletores em cima de mim.

Ah, você quer saber qual era a pergunta? Era uma pergunta simples. Em *O doce veneno do escorpião*, eu conto sobre uma transa com um apresentador de televisão. E ele queria saber quem era. Eu deveria ter sido mais corajosa e dito: "Vai dizer que você não se lembra?". Não tive coragem na hora... Não se trata de vingança; apenas para mim nada disso tem importância. Principalmente no meu caso, que assumo absolutamente tudo o que faço e não jogo com a verdade de ninguém.

O tal apresentador não entrou em contato diretamente comigo. Alguém da produção ligou e ficou me azucrinando até a data marcada. Todos os dias, essa pessoa ligava e dizia que eu precisaria ser muito discreta e que não poderia comentar nossa transa com ninguém. Até entendo a preocupação do sujeito, mas será que precisava ligar para dizer a mesma coisa todos os dias? Bem, o programa com o apresentador foi extremamente estranho, supermecânico. Eu detestei. Não aconteceu nada de mais picante ou diferente. O curioso é que, depois de tanta amolação, todos os funcionários do *flat* viram ele ali... E todos sabiam para que, né?

Atendi a vários famosos, mas não gosto de ficar falando sobre isso. Já conversei com outras garotas de programa sobre essa história de atender a celebridades. O que não faltam são histórias, mas não dá para saber se todas são verdadeiras ou não. Muitas meninas adoram encher a boca para falar que transaram com algum famoso. Há alguns deles que se destacam na putaria. Como já ouvi muitas histórias parecidas, contadas por primas diferentes, acredito que sejam verdadeiras.

Mas esse deslumbramento não faz a minha cabeça. Sempre tratei todos os meus clientes, famosos ou não, da mesma maneira. Já tive até problemas por causa disso. Um jogador de futebol ficou chateado porque eu não o reconheci quando ele chegou ao meu apartamento. Foi uma cena patética.

Preciso dizer que eu tinha a ilusão de que homem famoso não precisava procurar garota de programa. Por serem celebridades, imaginava, eles teriam as mulheres que quisessem rastejando atrás deles. Mas não é bem assim... Quando saí com o primeiro famoso, notei que ele tinha um complexo. Complexo de p... pequeno. Um cara bonito, que faz muitas mulheres babarem na TV, mas com p... pequeno. Para mim e para muitas mulheres, isso não é problema. Mas para ele era. Depois, conversando, o galã me contou que muitas mulheres que foram para a cama com ele fizeram cara de decepção na hora em que ele tirou a roupa. Ah, meninas, que maldade!

Outros famosos, que são casados, preferem sair com garotas de programa por questão de sigilo. As prostitutas são mais confiáveis, guardam segredo, ao contrário de uma mulher "normal". Sei de mulheres que até avisam a imprensa de que sairão com algum cara conhecido. A revista manda um fotógrafo e flagra o casal de amantes... O cara que não quer se arriscar a ser vítima de alguma fofoqueira de plantão prefere as garotas de programa, lógico.

Agora, o mais curioso é descobrir que tem muito bonitão na TV que paga de macho, mas que sai com garota de programa apenas para saciar o seu lado feminino. Se é que posso dizer assim... Eles pagam para serem penetrados. Isso é que é confiar na lealdade de uma prostituta, não? Fiquem calmos: jamais revelaria a identidade de meus clientes. Soube de gente que ficou muito preocupada quando soube que eu estava escrevendo um livro. Durante um tempo, eu morei no mesmo *flat* de um famoso que paga de machão na televisão. Longe da telinha, no entanto, a principal diversão dele era pegar travestis quando estava em São Paulo. Certa vez, rolou o maior bafafá no apartamento dele. O travesti desceu para a recepção e começou a dar escândalo. Ele foi motivo de comentários dos moradores do *flat* durante um bom tempo. A mídia não ficou sabendo – ou deixou por isso mesmo. Para que estragar a fantasia de tantas fãs, não é mesmo?

Hipocrisia

"Pimenta nos olhos dos outros é refresco." Você já deve ter lido ou ouvido esse ditado um milhão de vezes. Pois, nesse último ano, não cansaram de jogar pimenta nos meus olhos. O mais grotesco foi feito pela Rede TV!, que tenta conseguir pontos no Ibope à custa da desgraça alheia.

Cansei de ser acusada de "destruidora de lares" no *Superpop* e em outros programas que nem me recordo o nome, sempre da Rede TV! A apresentadora do programa colocou lenha na fogueira de minha relação com o João Paulo. "Como é que ele abandonou uma família para ficar com a Bruna? Ohhhhhh, mas que coisa mais absurda." A apresentadora tem memória curta, afinal, ela também foi vítima de várias acusações na imprensa nacional e estrangeira. Numa pesquisa rápida pelo Google, qualquer pessoa vai encontrar notícias assim:

> Às vésperas de completar 60 anos, Mick Jagger, cantor da banda britânica Rolling Stones, afirmou em entrevista ao semanário inglês *The Observer*, publicada neste domingo, que um de seus maiores arrependimentos na vida foi ter namorado a modelo e apresentadora Luciana Gimenez. A relação durou três meses e gerou o filho Lucas Jagger – hoje com quatro anos e devidamente assumido pelo pai – e apressou o fim do casamento de duas décadas com a ex-modelo Jerry Hall, mãe de quatro dos sete filhos do cantor.
>
> "O relacionamento com Luciana foi um erro e admito isso", disse Jagger, que em seguida mudou o tom. "Mas então eu digo isso e, daqui a alguns anos, o Lucas lê a entrevista e pensa: 'Ah, eu fui um erro'. Então, tenho de acrescentar que ele é realmente um menino muito bacana. Do contrário, pareceria horrível", disse à repórter Mariella Frostrup.
>
> Jagger mantém uma relação cordial com Luciana, mas parece não ter esquecido a con-

fusão em que se viu metido ao se ver processado pela pensão do filho. "Luciana não precisava ter me processado. Ela nem me deu a chance de lhe dar qualquer dinheiro. Ela apenas contratou um advogado marqueteiro que não estava nem um pouco interessado em um acordo, apenas na publicidade que poderia conseguir para si mesmo. Agora ela percebe que foi um erro", falou.

Diário de S.Paulo, 2003

Luciana Gimenez ganhou fama repentina quando começaram a surgir os rumores de que estava grávida de Mick Jagger, em 1998. Ela morava fora do país desde os 17 anos, e por aqui o público sabia que ela era uma modelo e que teve um caso com o cantor Rod Stewart. A apresentadora conheceu Mick Jagger em uma festa no Rio de Janeiro, quando o roqueiro estava no país com a turnê Bridges to Babylon. Os dois saíram juntos por alguns meses, sendo que o astro ainda era casado com a modelo Jerry Hall.

Em nenhum momento da gravidez Luciana Gimenez confirmou quem era o pai da criança. A imprensa especulou, ela foi a programas de TV, mas nunca disse nada. Durante a maior parte da gestação, permaneceu fora do país. A criança, registrada como Lucas Mauricie Morad Jagger, nasceu em maio de 1999, em Nova York. A mãe de Luciana, a atriz Vera Gimenez, acompanhou tudo. Foi um escândalo mundial, e que abalou o casamento de Jagger. No começo, o cantor negou, mas o exame de DNA comprovou a paternidade do garoto. A imprensa, na época, publicou que o cantor foi obrigado a pagar inicialmente a quantia de 14 milhões de reais e vai ter que enviar 53 mil reais por mês até o filho completar 21 anos. Luciana Gimenez não dá declarações sobre o assunto.

Reportagem de Marianne Nishihata,
do portal *Abril.com.br*

Quando Jagger e Jerry Hall se separaram, tinham um filho de apenas dois anos de idade. Será que é o caso de se falar mais sobre traição? Então, vamos ler a notícia publicada pelo jornalista Ricardo Feltrin, no dia 12 de outubro de 2004, em sua coluna na *Folha Online*:

Após meses de investigação, a revista *Contigo!* revela nesta quarta-feira quem é o namorado de Luciana Gimenez: trata-se de Marcelo de Carvalho, vice-presidente da Rede TV!. A coluna Ooops! mostra agora em primeira mão a capa da revista. Em uma das fotos, Marcelo e Luciana estão em uma festa em São Paulo. Em foto menor, o paparazzo André Nogueira, da *Contigo!*, flagrou o casal abraçado deixando o restaurante Galeto's de Alphaville (Barueri, Grande SP). A revista trará muitas outras fotos exclusivas do casal – inclusive internacionais.

Os rumores sobre o namoro entre Luciana Gimenez Morad, 34, e o executivo Marcelo de Carvalho Fragali, 42, já eram antigos na chamada "imprensa de celebridades". No entanto, sempre foram negados pelo casal. Faltava a confirmação fotográfica – que a revista conseguiu. Luciana é solteira, e tem um filho, Lucas, com o "stone" Mick Jagger.

No final de julho, Carvalho conseguiu impedir a revista *Contigo!*, por via judicial, de publicar uma entrevista com sua ex-mulher, Mariana Fragali, com quem tem três filhos.

Sim, Bruna Surfistinha me ensinou que os poderosos pagam advogados para impedir que a sua intimidade seja exposta. Mas os cidadãos comuns, como eu e você, são atirados aos leões. Tudo em nome da audi-

ência. Vale conferir outro assunto que, obviamente, a Rede TV! não noticiou.

A edição da semana passada da revista *Contigo!*, da Editora Abril, teve uma de suas matérias censurada. Medida cautelar concedida pelo juiz Antônio Dias Carneiro, da 2ª Vara Cível do Fórum de Pinheiros, em São Paulo, impediu que o semanário publicasse reportagem baseada em duas entrevistas realizadas com Mariana Papa Fragali, mulher do vice-presidente da RedeTV!, Marcelo de Carvalho Fragali. A revista acatou a decisão, não comentou o teor da entrevista, mas prometeu, em uma chamada na capa, recorrer da decisão e publicar a matéria na "próxima edição". Até o julgamento do recurso, porém, todas as revistas da Abril estão proibidas de divulgar reportagens sobre a vida privada do casal Fragali.

Segundo informações prestadas pelo diretor de redação da *Contigo!*, Edson Rossi, ao jornal *O Estado de S. Paulo*, Mariana foi entrevistada no dia 21 pela repórter Marianne Piamonte. Teriam sido duas entrevistas – uma pessoalmente, outra por telefone. Na conversa, ela enveredou pelo tópico "proibido de ser publicado" e pediu para desligar o gravador, mas continuou falando sobre o assunto. No dia seguinte, porém, Mariana Fragali teria telefonado para a revista, preocupada com a repercussão que a reportagem teria.

Na sexta-feira, dia 23, a revista recebeu a ordem judicial impedindo a publicação. O pedido foi assinado pelo casal, que alegava que a matéria poderia causar "danos à sua imagem e à sua honra", e a multa por desacato seria de 1 milhão de reais.

Artigo de Luiz Antonio Magalhães,
no Observatório da Imprensa

Você não acha que o público da Rede TV! adoraria saber mais sobre o tópico "proibido de ser publicado"? O colunista e escritor Eliziário Goulart de Rocha, no site coletiva.net, deu uma pista no dia 28 de julho de 2004.

A revista *Contigo!* que chegou às bancas nesta quarta-feira 28 de julho foi censurada. A decisão foi do juiz Antônio Dias Cruz Carneiro, da 2ª Vara Cível do Fórum de Pinheiros, em São Paulo, que já havia feito o mesmo com a *Você S. A.* por causa de uma denúncia contra uma empresa de recolocação profissional. Desta vez o alvo é uma entrevista com Mariana Papa Fragali, mulher do vice-presidente da Rede TV!, Marcelo de Carvalho Fragali.

Sabe-se lá o que ela contou, mas, de acordo com o "Comunique-se", envolvia uma estrela da emissora. Arrependida, ou pressionada, a (ex?) mulher voltou atrás e assinou, com o (ex?) marido, um pedido de suspensão da reportagem. O juiz aceitou a tese dos advogados de Fragali de que a publicação poderia causar "danos irreparáveis à sua imagem e à sua honra".

Se a decisão judicial atingisse a *Veja*, a *Folha de S. Paulo* ou algum outro veículo considerado "sério" – o que é altamente discutível – a reação da mídia seria imediata e avassaladora. Como se trata de uma "revista de fofoca", o caso corre o risco de ser esquecido rapidamente. Mas não deveria. A opinião dos jornalistas "sérios" sobre a *Contigo!* pouco importa. Censura é sempre ruim, e além do mais o caso abre um precedente perigoso. É disso que se trata.

Aceita a tese, qualquer juiz pode alegar, e absolutamente dentro da lei, que a divulgação de determinados fatos causa, com certeza, "danos irreparáveis à imagem e à honra" de Paulo Maluf, Salvatore Cacciola, Ricardo Mansur, Valdomiro Diniz, Nicolau dos Santos Neto e miríades de outras "vítimas da mídia".

Ah, grita o promotor, mas a questão é bem diferente: a *Contigo!* provavelmente publicaria questões pessoais com base no depoimento de uma mulher ressentida. Mas esse não foi o caso de Nicéia Pitta, entre tantas outras? Mas ah, volta o promotor, ali se tratavam de questões relevantes, e não de problemas íntimos do casal.

Tudo bem, a defesa retira. Mas em seguida entra com um recurso pedindo que se use o precedente para tirar do ar a Rede TV!, dirigida por Fragali, cujos apresentadores, liderados por João Kleber – sem falar em Luciana Gimenez e outros menos prestigiados – costumam expor à humilhação pública pessoas sem discernimento para entender o quanto estão sendo usadas de forma vil em busca de meio ponto no Ibope. Kleber faz diariamente o que nem revistas bem piores que a *Contigo!* ousariam fazer.

O ponto principal é que são os leitores de *Contigo!*, como os telespectadores da Rede TV!, que devem decidir o que é ou não baixaria. E num país em que aposentados morrem de fome à espera da decisão de processos que se arrastam há décadas, é curiosa a agilidade judicial em casos como esse.

Todas as vezes em que fui atacada, recebi inúmeras mensagens de apoio de leitores. Acredito que a apresentadora tenha sofrido tanto quanto eu pelas notícias que foram publicadas a seu respeito. A Bruna Surfistinha me ensinou a nunca julgar ninguém, portanto, tire você mesmo as suas conclusões.

Clonagem

A ex-mulher do João Paulo resolveu ganhar seus 15 minutos de fama à minha custa. Ela resolveu encarnar o papel de vítima de uma garota de programa. No caso, eu. Criou até um *blog* para me atacar. Só que, ironia das ironias, a melhor "amiga" dela é uma... garota de programa. Ela fez o lançamento de seu livro em conjunto com uma moça que se apresenta como garota de programa. Sim, é isso mesmo que você leu. Ela me chama de "destruidora de lares" e vira "amiguinha de infância" de uma mulher que fazia o mesmo que eu. Alguém consegue me explicar qual é a lógica? Prostitutas são ótimas pessoas... desde que não transem com seu marido? É assim que ela pensa? Por favor, alguém me explique, pois eu não consegui entender. Ela ataca uma garota de programa e faz uma festa com outra! As duas fizeram até fotos juntas. Uma está na página do *Orkut* da outra. Não é cômico?

Bem, existe outra possibilidade: a tal garota de programa, que também apareceu para tentar tirar uma casquinha do meu sucesso, pode não ser uma garota de programa de verdade. Pelo menos, eu me diverti muito nas poucas vezes em que ela deu entrevistas. Nunca vi tanta mentira junta. Quem foi garota de programa de verdade sabe que ela é uma grande farsa. Não dá para fazer tantos programas quantos ela disse que fazia, cuidar de uma filha e ainda escrever um livro.

A tal "garota de programa" ficou divulgando que fez cinco mil programas ao longo da carreira para dizer que tinha mais experiência do que eu. Essa questão foi levantada no fórum para debate no *site* www.gpguia.net. Olha só o que o moderador escreveu:

> Duvido que esta garota seja GP. Assim como não era GP a garota que fez o *Superpop* na primeira aparição pública da Bruna Surfistinha de cara limpa na TV. Quem se lembra, era uma loirinha que mostrava o rosto e falava o tempo todo.

Vamos então fazer uma prova matemática de que a dita-cuja mentiu.

Segundo o testemunho público da mesma, ela teria feito ao longo da carreira 5 mil programas. Vamos estimar o tempo de estrada da mesma.

1 - Considerando uma média de quatro programas por dia, que é uma ótima média para garotas que anunciam em jornal. Lembro que estou considerando quatro uma média ao longo de toda a carreira.

5.000 / 4 = 1.250 dias de trabalho

2 - Vamos considerar que ela trabalhou seis dias por semana. Mesmo que tenha trabalhado sete, sempre tem uns dias parados (puta também tem feriado e resfriado), logo seis dias é mais que bom.

1.250/6 = 208,33 semanas de trabalho

3 - Considerando agora que um ano tem 52 semanas

208,33/52 = 4 anos trabalhando.

Não vi se ela falou quanto tempo ficou trabalhando, mas esta é uma estimativa bem favorável a ela. Será que em quatro anos trabalhando ninguém do *GP Guia* pegou esta mulher?

Veja que não é difícil comprovar que os testemunhos da tal prima-escritora são inconsistentes. Ainda mais trabalhando fora de São Paulo. Aqui já seria difícil manter a média necessária para atingir o volume que ela afirma ter atendido, mesmo com boa fama, agora imagine em uma cidade turística que tem movimento durante três meses por ano.

A minha opinião é que, mesmo que esta garota tenha realmente feito programas um dia, tem muita coisa que ela fala que não bate. Acredito que tenha feito uma pesquisa (ou fizeram para ela) e decidiu embarcar na carona do sucesso da Bruna Surfistinha.

Garotas independentes têm picos de atendimento na carreira e poucas conseguem manter um volume alto como a Bruna, neste caso um volume alto fica entre seis e sete programas por dia. Normalmente este volume é atingido pelas *top-tops* que são muito conceituadas e bem divulgadas.

O debate rendeu muitos comentários. Selecionei alguns:

• Sou antigo da área, sempre acompanhei putas na net, mas não estou lembrando dessa perva. Ela está falando que fez 5 mil programas. Vamos dizer que ela cobrava uma média de 150 paus – ela faturou, então, 750 mil reais. É grana pra cacete... e ela aparece agora com um livrinho. Alguém lembra dessa ruiva?

• Também estou curioso... Alguém já comeu esta GP que apareceu no *Superpop*? Ela falou um monte de bobagem, mas a gente que REALMENTE entende do assunto não faz papel de otário....

• Quem viu o programa achou que a gente é tonto, que pagamos para as GPs esnobarem a gente com liçãozinha de moral! E pelo jeitão, se ela for GP mesmo, deve ser uma das mais ruizinhas...

• Eu gostaria de fazer umas perguntas básicas pra essa GP... Que pra mim não é GP... Ninguém nunca ouviu falar nela. Se ela era viciada em internet, por que anunciava em jornal apenas?

Outra lição que Bruna Surfistinha me ensinou: as iguais se atraem. E também se merecem.

Porn star

Eu nunca tive problema nenhum em fazer sexo em troca de dinheiro. Eu encarava tudo aquilo como um negócio, um trabalho mesmo – por mais que, aqui e ali, sempre desse para tirar uma casquinha e até me divertir. Porém, nunca pensei que fazer sexo na frente de um monte de gente e com uma câmera ligada fosse ser tão desastroso.

Quando me chamaram para fazer o filme, não pensei muito: aceitei. Achei que ia ser uma experiência como outra qualquer, como as que eu fazia todo santo dia, ao menos cinco vezes. E eu não tinha nada a perder. O cachê era mesmo ridículo: 500 reais. Mas, quem sabe, eu podia curtir e me dar bem com aquele negócio?

No dia marcado, fui até o local indicado e vi que a coisa era meio bagaceira. Não tinha nada daquilo que eu imaginava que seria uma filmagem. Era tudo meio improvisado e as pessoas não me pareciam muito entusiasmadas com nada daquilo. Não fui tratada nem bem nem mal, porém com indiferença, pela equipe. Estava ansiosa, pois não sabia direito o que esperar.

"Vamos gravar!", disse o "diretor". Mas o que eu tenho de fazer, tenho falas, preciso decorar alguma coisa, como é que vai ser? "Não esquenta, minha filha: a coisa vai acontecendo e a gente vai dando uns toques enquanto rola." Eu esperava ao menos um roteiro, alguma direção, um ensaio, sei lá. A única coisa que vi foram atores o tempo todo mexendo no p..., para ele endurecer ou não amolecer. Não deu para notar se havia algum remedinho por ali. Fiquei meio envergonhada de perguntar como eles faziam.

Para quem esperava um clima um pouco mais hollywoodiano, de equipe de filmagem, aquilo me pareceu mais uma fábrica de fazer qualquer coisa. No caso, filmes pornôs. Gente pelada, ninguém reparando, os caras de p... duro por todos os lados, enquanto o cara da iluminação pedia para ficar na marca para ele "ver as sombras".

Claro que aquilo tudo, apesar dos pesares, despertava minha curiosidade – e também minha ansiedade. Fazer programa é uma coisa. Trepar para uma câmera é outra, bem diferente. Algumas indicações do diretor (mais para o posicionamento da câmera do que para os "atores"), gritos de "vamos gravar", aquele silêncio e... É HORA DO SHOW!

Enquanto fica todo mundo ali, à sua volta, olhando para você, o diretor fala para começar a transa assim, chupar assado, tomar cuidado para o cabelo não encobrir o rosto, coisas muito mecânicas. Haja tesão para transar e prestar atenção em tudo isso... Eu dei meu jeitinho. Não estava nem um pouco excitada, mas tinha que parecer. Meus dedinhos nunca trabalharam tanto (rs). Eu me concentrava na minha bu... para fazer a famosa força interior funcionar.

Não me senti muito confortável com aquele monte de gente olhando, com aquela coisa de o diretor gritar as ordens, ficar impaciente quando algo não saía do jeito que ele queria. "Corta!", ele berrava. "Minha filha, o povo quer ver sua cara, quer ver sua bu... É filme de sexo explícito, entendeu?"

E lá íamos nós. Levanta mais a perna, agora geme, revira os olhos, pára, muda de posição, faz cara de tesão, acerta a luz, não olha para a câmera, pára de novo, volta na posição anterior, geme mais alto, acelera, diminui, chupa, enfia... Ufa! Por 500 reais eu estava trabalhando mais do que se estivesse transando com uma porção de clientes. E sem ser "dirigida".

Eu vi algumas das cenas que gravei e não curti nada. Estava mesmo pouco à vontade, não achei excitante ver aquilo. Nem sei se as pessoas que viram acharam excitante. Eu tinha uma idéia meio romântica de um *set* de filmagem, com um clima bacana para que a transa fosse o mais natural possível. Mas nada disso batia com a realidade.

"Corta", "levanta a bunda", "tira tudo e enfia de novo, bem devagar". Parecia mais uma aula braba de ginástica. Bato palmas para quem consegue fazer disso seu dia-a-dia. Tem de ser ator de verdade em uma coisa na qual é praticamente impossível fingir tudo. Eles conseguem e chegam a convencer.

Fico meio puta de ver que, apesar de eu ter assinado o contrato apenas como Bruna, eles terem apanhado minhas cenas, picotado em um monte de filminhos, como se eu tivesse participado de um monte deles, colocando o nome Bruna Surfistinha na capa e vendido como se eu fosse uma grande *porn star*. Bem, essa é uma outra discussão. O que posso dizer é uma coisa só: esse episódio representa duas vezes a minha carreira diante das câmeras. A primeira e a última.

Aparências

No mundo da putaria, aprendi que as aparências enganam – 90% das vezes. A primeira vez que peguei um cliente lindo de morrer, tipo galã, cabelos lindos, corpo sarado, cara de homem, voz sensual, imaginei que aquela seria a transa da minha vida. Eu estava muito entusiasmada e me entreguei de corpo e alma às preliminares.

Fiz questão de despir meu deus grego pessoalmente, abrir sua camisa, passar a mão pelo peito definido dele, abrir o cinto da calça, baixar o zíper. Uau! O tamanho do pacote indicava que o presente era dos grandes. O cara era perfeito! Logo descobri que até demais.

Não houve jeito de fazer o cara se entusiasmar. Tentei chupá-lo, masturbá-lo, deixá-lo me chupar (o que ele fazia mais ou menos) e… nada. Como eu estava com muita vontade de transar – e muito a fim de gozar –, fiquei na vontade. Aquele que prometia ser tudo e um pouco mais acabou sendo um nada total.

Por coincidência, naquela mesma tarde, atendi um casal meio esquisito que, se tivesse visto numa casa de *swing*, não chegaria nem perto. Ele era meio feioso, meio gorducho, meio calvo, com um cabelo meio ensebado, sei lá. Definitivamente, não era meu tipo de homem. A mulher era estilo botijão, baixinha, gordinha e com jeito de quem não mandava bem na cama. Eu sugeri um banho antes da transa. Enquanto o marido foi tomar o dele, ela ainda veio com uns papos nada a ver, que me deixaram um pouco irritada. Só respondia "hum-hum", "sim", "não". Quando ela foi tomar um banho, o marido ficou lá no quarto, peladão, mas quieto, aguardando a patroa para começar a brincadeira. Eu estava com o saco cheio, mesmo sem ter feito nada.

Assim que a mulher voltou, o negócio pareceu incêndio em mato seco: não sei de onde aqueles dois tiraram tanto fogo. Ela me chupou com tanto talento que eu nem lembrava mais que não havia curtido o visual dos dois. A gordinha era muito sexy e entendia muito bem o que estava fazendo. O maridão não ficava atrás: seu p... era perfeito no tamanho e na grossura, bonito mesmo. E ele também chupava divinamente. Não precisei encenar nem fazer nenhum esforço interno para gozar três vezes com eles. E olha que o cara nem me comeu. Ficou claro que eu era um presente para ela.

Sabe que eu terminei esse programa orgulhosa de mim mesma? Foi uma das melhores transas que já tive com casal: animada, tesuda, natural. Nem parecia que estávamos fazendo um programa. Pois é, mais uma vez, as aparências me enganaram...

Por falar em aparência, de tanto ver gente nua ao meu lado, fui criando um pequeno dicionário para designar os tipos físicos. Nada ofensivo, pois nunca disse nada a ninguém. Mas eu usava para tentar adivinhar determinadas coisas e, na hora do "vamos ver", checava se tinha acertado ou não. Eu também tenho direito a brincar em serviço...

Com os homens, a brincadeira mais óbvia era tentar adivinhar o tamanho do p... pelo volume na calça. Para aqueles que já chegavam com o pacote apertado, era covardia, pois era o mesmo que fazer palavras-cruzadas olhando as respostas. Esses eu chamava de "malão". Mesmo assim, muitas das malas, na verdade, tinham mais ovos do que p...

Para aqueles que chegavam com roupas menos óbvias, como calças de prega, tipo social, era mais difícil. Eu os chamava de "almoço executivo": às vezes, o prato era bonito, mas não tinha substância, como quando arrumam artisticamente as batatas fritas no prato para parecer que tem mais; em outras, era um PF (prato feito), daqueles que surpreendem e satisfazem, apesar de a aparência não ser tão tentadora.

A prostituição me ajudou a derrubar muitos tabus e me ensinou coisas que eu até poderia aprender, mas levaria muito mais tempo. Uma delas diz respeito ao famigerado "tamanho" do p... Não, nada a ver com aquele papinho babaca de revista feminina, com aquele monte de mulheres falando que "o importante não é o tamanho da varinha, mas a mágica que ela produz".

Tudo bem que isso tem uma boa dose de verdade. Mas que mulher não curte ver um p... bonito, agradável aos olhos e ao tato? Todas fazem isso. Depois dizem que olham primeiro o sorriso. Hã-hã... Deve ser porque não tiveram ainda como conferir o recheio (seja de frente ou de trás, pois bunda de homem também conta).

Pois bem, no meu exercício diário de profissional do sexo, eu precisava arrumar algum passatempo para somar pequenas graças à rotina. Uma delas era tentar adivinhar o que vinha dentro da embalagem. E, depois de abri-la, quando o cara ainda não estava excitado, imaginar como seria o "show do crescimento", o poder do aumento do produto interno bruto.

Virei catedrática no assunto por causa disso – e também pelo acesso fácil que tinha ao material de pesquisa. Aqueles que, com o p... mole, não prometiam nada tinham duas categorias: os bolos solados, iguais àqueles bolos que não crescem por falta de fermento, e os "vitaminados", que não chamam a atenção à primeira vista mas que, com um pouco de mão na massa, crescem que é uma beleza. Esses são mais raros: a prática me diz que um p... pequeno dificilmente cresce muito. Já os gigantes adormecidos, quando funcionam a contento, também não têm mais surpresas a oferecer. Mas tem muitos que não passam de gigante adormecido. Cansei de ter transas meia-bomba, por causa de carrões que precisam de muito mais combustível por quilômetro rodado.

Os formatos também são um capítulo à parte. Vamos dizer que se trata de um desmembramento das teorias da Bruna Surfistinha após vasta pesquisa de campo. Afinal, tive todos eles nas minhas mãos, na minha boca, na minha bu..., na minha bundinha e onde mais a sua imaginação possa encaixar a peça.

O padrão mais comum é o que mede cerca de 15 ou 16 centímetros e não são muito grossos. A maioria se encaixa nessa categoria. O que pode mudar é a presença do prepúcio ou não, no caso dos que são circuncidados. A presença ou não dessa pele sobre a cabeça faz diferença. Os que não têm já mostram todas as armas de cara. Como não tem nada para encobrir, seu formato não será uma surpresa. Geralmente cheiram melhor, pois não acumulam suor ou outros fluidos. Por isso, me parecem mais limpinhos. A cabeça tem uma pele mais rústica, acho que até mais resistente, já que não fica protegida como as outras.

Aqueles que têm o prepúcio são os que mais enganam. Como a pele envolve a cabeça, pode fazer com que elas pareçam maiores do que realmente são. Isso quando a deixam sair totalmente, quando o p... está duro. Tem muitos homens que não conseguem puxar a pele toda para baixo, expondo a cabeça. E, na hora do banho, precisam ficar bem atentos à limpeza da área (ouviram, rapazes?).

Bem, já que estou falando disso, vou continuar. Até porque vou prestar um serviço a todas as mulheres que não têm a chance de, com eu, dar uma de São Tomé. As cabeças são bastante diversificadas. As mais interessantes são aquelas que parecem um morango: são harmoniosas, com um design bem equilibrado. Algumas parecem um enorme cogumelo, bem maior que o próprio corpo do pênis, que geralmente fica aparentemente fino perto dela. Tem umas que lembram um foguetinho ou uma seta: são pontudinhas e afinam muito na ponta.

Tem alguns p... que são pequenos e finos. Isso não quer dizer que prejudiquem a performance. Mas, como disse, o fator visual e tátil os deixa em desvantagem – o que exige do dono um esforço extra para apagar essa primeira impressão. Outros assustam pela grossura, mesmo que não sejam avantajados no comprimento. Há os tortos (geralmente para a direita, que é para o lado que a maioria dos homens deve arrumar o dito-cujo dentro da cueca, talvez), os que são grossos na base e afinam em direção à cabeça, os que fazem o caminho inverso. Ainda existem os que, mesmo quando duros, são bem flexíveis, proporcionando uma variedade maior de posições na hora do sexo, e outros que, de tão duros e empinados, deixam apenas o papis e mamis como opção confortável.

O resto do pacote também merece atenção. Sim, o saco. Tem aqueles que mal se notam e os que, de tão volumosos, roubam a atenção de todo o resto. Percebi que, no frio, os testículos sobem, diminuindo o volume da região. Já com relação aos pêlos, tem os que aparam (o que realmente ajuda a fazer o p... parecer maior), os que deixam o mato crescer solto (nem sempre a aparência é legal) e aqueles que simplesmente têm poucos pêlos naturalmente.

Para finalizar, e já que estou falando tudo mesmo, vou falar, sem preconceito, daquelas crenças étnicas. Lição aprendida: nem todo negro é um monumento, nem todo japonês é compacto, nem todo machão trepa bem e nem todo tímido trepa pedindo desculpas. Precisa explicar?

Elas *vs.* Elas

Se com os homens há várias maneiras de "checar o material", com as mulheres as coisas são ainda mais difíceis de prever. Hoje entendo melhor o que significam aquelas expressões "falsa magra" e "falsa gorda". A moda ajuda muito as mulheres que sabem tirar partido dela. Claro que aquelas que usam calças de cintura baixa e deixam à mostra uma verdadeira borracharia são muito óbvias. Mas não é dessas que eu estou falando.

Há muitos tipos de mulher no universo do *swing*. O mais comum é aquele que eu chamo de "loucas por liquidação". Sabe aquelas que, mesmo que não precisem de um fogão de vinte bocas, saem estapeando quem estiver na frente para comprar em liquidação só porque está mais barato? Pois é, no *swing* elas agem do mesmo modo: não importa que o homem que a esteja cortejando seja feio, pareça desagradável ou algo do gênero, pois ela quer é mais. De repente, ela está cercada de homens para os quais nem vai olhar, mas está feliz da vida, como se tivesse saído de um saldão 90% *off* de um shopping center...

Tem as que eu chamo de come-quieta. Elas parecem tímidas, virginais, mostram-se sempre assustadas ou chocadas com o que estão vendo, procurando no braço do marido ou companheiro uma tábua de salvação. Basta um olhar mais provocante ou uma cantada bem dada que elas se revelam. E precisa ser muito homem para ser comido por elas: as quietinhas são as mais famintas.

Nem sempre as bonitas são as melhores. Digo isso por experiência própria. Já me surpreendi com o furacão solto por muitas das menos favorecidas, enquanto algumas lindas ficam parecendo aquelas maçãs enormes, vermelhas, brilhantes que, na primeira mordida, deixam um gosto insosso na boca.

Com relação ao físico, existem alguns detalhes que também chamam a atenção pela diversidade. Sim, estou falando das bu... As mais interessantes de olhar são, sem dúvida, aquelas mais cheinhas, com os grandes lábios bem carnudos, a ponto de esconder totalmente o prato principal. Na outra ponta, coloco aquelas que se abrem como uma orquídea selvagem, com os grandes lábios expondo totalmente a vagina.

O clitóris, em ambos os casos, independe do conjunto da obra. Devo admitir, contudo, que, algumas vezes, pensei estar diante de um hermafrodita, tão avantajados eram alguns clitóris. Pareciam pequenos pênis, pintinhos durinhos encaixados estrategicamente no alto da bu... Nem por isso deixam de merecer ser tocados com delicadeza.

Se, em um homem, para mim tanto faz o estado dos pêlos (apesar de não curtir os totalmente raspados), nas mulheres isso faz toda a diferença. Ao menos para mim. Uma depilação bacana, com um formato que valorize o conjunto, me parece bem mais excitante. Fica parecendo desleixo quando fica aquele monte de pêlos rebeldes, que uma calcinha um pouco mais cavada não consegue esconder. Tem de ser uma mulher muito segura de si (ou muito gostosa) para não precisar recorrer a uma depilação... Além disso, há as totalmente "carecas", que parece ser uma tara masculina bastante comum. Já tentei, mas ainda prefiro deixar alguma coisinha.

Coragem

Eu imaginava que coragem era não sentir medo. Mas aprendi que não é bem assim. A coragem é mais, é vencer o medo que está ali, o tempo todo. Eu sempre tive muito medo de ficar sozinha, nunca suportei. Ficar em casa sozinha me deixava em pânico. Logo, percebi que estar fisicamente acompanhada não diminui o medo de estar sozinha. A solidão era algo maior... Por mais que estivesse sempre cercada de pessoas, trabalhando no privê, atendendo clientes e convivendo com as primas, no fundo era apenas eu comigo mesma. No meu medo, recorri às drogas, trabalhando de dia para cheirar tudo à noite.

Demorou. Mas, quando caiu a ficha de que, no fundo, eu estava me rendendo ao medo, fazendo de tudo para esquecê-lo por alguns instantes, tomei uma decisão, essa sim, corajosa: dar um basta.

É uma decisão íntima muito importante, mas é apenas um primeiro passo. A vontade, no meio do caminho, vira coadjuvante da necessidade física. Uma crise de abstinência coloca você frente a frente, ironicamente, com a dor do "lado do bem" e o alívio do "lado do mal". Quem é que curte sofrer sabendo que o fim daquilo é tão fácil de conseguir? Confesso que eu mesma sucumbi algumas vezes.

Nessa trajetória, além da vontade de parar, era preciso coragem para enfrentar a abstinência, para bater os pés no fundo do poço, tomar impulso e começar a voltar à tona. Engraçado que, hoje, tenho consciência de que o processo é bem parecido com o fim de um romance, quando você ainda está apaixonada. A dor da ausência é física. Chega a doer no corpo. Como dizem que paixão também é reação química, acho que deve ser mesmo verdade.

Como já contei, tive uma ajuda inestimável nesse processo de isolamento: Gabi, minha melhor amiga, um anjo da guarda que se trancou comigo em meu apartamento nas semanas que durou esse purgatório. Mas isso não era apenas pelo que eu vivia naquele momento – vinha de longe.

Na adolescência, vivi com muito medo. Tanto que pensei mesmo em me matar algumas vezes – e cheguei a tentar em duas ocasiões. Na primeira vez, me vi com a arma do meu pai em punho, mas não encontrei as balas. Na segunda, cheguei a subir no parapeito da janela, pronta para voar. Faltou coragem, ou, sei lá, não tive coragem de continuar. Eis que me vi com vinte anos, milhares de programas feitos, pensando o que eu poderia fazer depois de tanta loucura. Foi aí que tive coragem de admitir que precisava dar um passo atrás para poder voltar a andar para a frente. Reconhecer isso não é fácil. Eu estava mesmo decidida a largar a prostituição, voltar a estudar, terminar o segundo grau e finalmente fazer uma faculdade, de Psicologia.

Tive muita sorte de encontrar apoio de alguém muito especial – e igualmente corajoso: o João Paulo. Eu sempre fui meio contra a traição, e até hoje não consigo entendê-la bem. Mas ele estava infeliz no seu casamento (como, aliás, declaravam 99% dos homens casados que passaram pela minha cama – mas que nunca moveram uma palha para mudar a situação).

Porém, ele tinha algo a mais: coragem. Quando percebeu que estávamos nos apaixonando de verdade, foi realmente destemido. Saiu de casa e assumiu nosso romance, mesmo que eu ainda fizesse programas.

Ainda estamos juntos, apesar de tantos obstáculos. Para aqueles que apostavam no fim rápido da nossa história, aviso que nossa vida juntos está apenas começando. É preciso mais do que amor para fazê-la durar tanto: é preciso dedicação, aprendizado e, claro, coragem – de ambas as partes.

Psicologia

O sonho de ser psicóloga surgiu quando eu tive depressão. Comecei a achar incrível como os profissionais desta área são capazes de escutar atentamente, compreender, falar a coisa certa na hora certa, devolver a auto-estima aos pacientes que, muitas vezes, já estão sem esperança.

Comecei a sentir que eu nasci para ser psicóloga, para ajudar as pessoas que precisam ser compreendidas. O ser humano é muito carente, por mais que tenha muitos amigos ao redor, sempre acaba guardando coisas para si, seja por vergonha ou por medo de desabafar tudo o que sente ou o que vive.

Considero a psicologia e a psiquiatria profissões muito bonitas, pois ajudam o ser humano a dar a volta por cima e se livrar de tudo o que o incomoda. Para muitas pessoas, o terapeuta acaba sendo o melhor amigo.

Nos três anos de prostituição fui psicóloga também. Ah, como eu gostava de escutar os desabafos, de compreender e de dar conselhos. Brinco até hoje que já fiz o meu estágio.

Eu quero muito entender mais sobre o cérebro humano, principalmente sobre algumas atitudes dos homens. Se o ser humano é um ser racional, por outro lado, muitas vezes age como se fosse irracional. Muitas vezes me pergunto: como é que alguém é capaz de matar outra pessoa a sangue frio? O que passa na cabeça dessas pessoas cruéis?

Ao mesmo tempo em que desejo ter meu próprio consultório, tenho o sonho de trabalhar voluntariamente, em algum presídio. Pode até parecer loucura da minha parte, mas quero entender mais sobre o mundinho do crime, ajudá-los e tentar compreender o que se passa na cabeça deles na hora do crime, o por que de agirem como irracionais. E, principalmente, descobrir o que a vida significa para eles.

Claro que também quero entender as minhas próprias atitudes. Por que fui cleptomaníaca e por que não soube viver em harmonia com a minha família? E quem já deitou na minha cama, pode ter a certeza de que um dia deitará no meu divã.

Liberdade

Na noite de autógrafos de *O doce veneno do escorpião*, me diverti muito. Eu e o Jorge Tarquini, o jornalista que tomou meus depoimentos para o livro, comentávamos tudo o que acontecia ao nosso redor. Tinha tanta gente, alguns curiosos para me ver de perto, outros me olhando como se eu fosse uma ET e outros ainda queriam contar que eram leitores do *blog*, que estudavam no Bandeirantes ou simplesmente gostariam de ter tido a oportunidade de fazer um programa comigo – o que ficaria apenas na vontade, pois ali eu já havia "pendurado as chuteiras" e deixado a vida de GP.

Uma hora, chegou uma senhora com o livro em mãos, para a gente autografar, e eu perguntei para quem seria o autógrafo. Ela me disse que era para o marido dela. Antes de me dizer o nome dele, fez questão de contar que ele havia sido meu cliente e que, em viagem de negócios, ligou para ela pedindo que fosse à livraria naquela noite. Foi muito gentil. Fiquei imaginando que os programas que o marido dela fez comigo devem ter rendido bons frutos para o casamento deles.

Um outro chegou com o livro já aberto em uma das páginas negras, onde eu conto algumas histórias de programas mais, digamos, peculiares. Ele queria que o autógrafo fosse dado ali, naquela página específica. Perguntei por quê. "Esse daqui sou eu", respondeu, com o maior orgulho. Eu e o Jorge ficamos meio sem reação e rimos muito da situação. Eu me lembrava da história, tanto que ela fora contada, mas nem me recordava direito do rosto dele. A noite, contudo, ainda guardava outras surpresas...

Chegou um casal à nossa frente, todo sorridente, com aquele ar de "lembra de nós?" estampado no rosto. Eu me lembrei. Esse casal já havia feito alguns programas comigo. E eles me disseram que ficaram chateados porque nenhum dos programas deles comigo tinha saído no livro. Mas sem dramas. Para reparar a injustiça, faço isso agora.

Quando eles me procuraram a primeira vez, foi o rapaz quem fez o contato. Muito tímido, perguntou se eu atendia também casais e se eu tinha alguma reserva em me relacionar com a mulher. Respondi que não, que atendia casais. Marcamos para o dia seguinte, uma quarta-feira, às 15 horas. Pelo horário, logo imaginei que não eram casados. Ao menos, não um com o outro. Mas isso não fazia a menor diferença para mim.

Quando chegaram, fui recebê-los como faço com todos os meus clientes: totalmente vestida, como quem aguarda uma visita. Não pude deixar de notar o olhar de decepção, principalmente dela. Talvez ela estivesse esperando por uma garota nua, que iria puxá-los para dentro já arrancando suas roupas. Perguntei se gostariam de tomar alguma coisa e ela me pediu água.

Fiquei meio sem jeito. Nós três ali, sentados no sofá, meio sem assunto, e nada de a coisa acontecer. "É nossa primeira vez com outra pessoa na cama", ele me disse meio sem jeito. "Tudo bem", respondi. "E o que vocês têm em mente?" Depois de um silêncio um tanto constrangedor, que me levou a crer que eles pediriam algo totalmente inusitado, eis que ela resolve esclarecer as coisas: "Viemos aqui pois acho que também gosto de mulher". Bem, estava desfeito o mistério...

Sugeri que ele tomasse banho primeiro, para poder ficar com ela e ajudar a descontrair. Ela era de poucas palavras, mas já deixava perceber que, debaixo daquela timidez, poderia haver um vulcão adormecido. Todo mundo de banho tomado, era hora de algo acontecer.

Ela estava enrolada na toalha e a segurava como uma tábua de salvação. Achei que era uma boa deixa para começar. Cheguei perto dela e puxei a toalha, deixando-a nua e esfregando seus braços, pois estava um pouco frio mesmo. Deu para ver que a pele ficou toda arrepiada. Seu corpo não era escultural, mas era firme, com uma pele macia. Do abraço para um beijo demorou pouco.

Enquanto nos beijávamos, o rapaz veio se juntar a nós, em um abraço triplo. Ela beijava muito bem, com uma fome absurda, enfiando sua língua dentro da minha boca como se ali estivesse um segredo oculto. Quando nos deitamos, ela permaneceu imóvel, me deixando comandar tudo. A cada toque, a cada respiração sobre sua pele, ela ficava mais e mais trêmula – por causa do frio, do medo e do tesão.

Desci com a língua em busca da bu... dela, percorri o caminho passando pelos seios pequenos, pela barriga, e continuei descendo. Quando cheguei no alvo, senti suas coxas me prendendo a cabeça com força, como se nunca mais conseguisse sair dali. Caprichei no tratamento.

Enquanto eu fazia um oral nela, o rapaz a beijava e a tocava nos seios, prendia seus braços para cima, deixando-a ainda mais vulnerável e totalmente entregue a mim. Não sei dizer quantas vezes ela gozou apenas comigo chupando sua bu... Só sei que o fato não se repetiu quando ele resolveu penetrá-la, enquanto continuávamos nos beijando.

Depois de gozar dentro dela, foi nossa vez de ajudá-lo a se reanimar. Dividimos o p... dele numa gostosa chupeta – que estava gostosa exatamente por nossas bocas se encontrarem. Inevitável. Eu sabia que ele não queria sair dali sem transar comigo. E assim foi feito: ela me chupou com vontade, mas meio sem jeito, e continuou me beijando os seios e a boca enquanto eu cavalgava sobre ele.

Não foi uma transa especialmente inesquecível ou diferente, mas fiquei feliz por ter realizado essa fantasia dela. Não sei nem quero saber se ela é realmente lésbica, se são casados ou não. O fato é que, nas outras duas vezes em que fizemos programa juntos, ela estava bem mais solta e dando conta cada vez melhor de mim.

Bem, por que eu contei tudo isso? Só para não esquecer que essas pessoas, independentemente de terem sido bons programas ou não, me ensinaram uma coisa básica: ninguém tem o direito de tolher a liberdade do outro, seja a esposa do meu cliente, o rapaz cujo programa foi eternizado nas páginas negras do livro ou o casal de amantes que costumava me procurar. Eles não deviam nada para ninguém. Fiquei realmente feliz por ver pessoas livres, de bem com suas decisões e suas vontades, com liberdade para fazer tudo o que desejam sem se importar muito com o que os outros vão pensar. Que pensem. O pensar é livre.

Transparência

O primeiro programa do qual participei na televisão, para ser entrevistada, foi o *Superpop*, em 2004. Eu havia concordado em dar entrevista, desde que pudesse aparecer com um capuz cobrindo meu rosto. Devo confessar que tinha sim uma certa vergonha, medo, não sei bem o que era. Para se ter uma idéia, nem no *flat* em que eu morava naquele tempo as pessoas sabiam o que eu realmente fazia. Talvez desconfiassem, mas não podiam ter certeza. Eu sempre fui discreta.

Naquela noite, quando o carro da Rede TV! chegou para me apanhar, o porteiro me perguntou se eu ia aparecer na TV. "Mais ou menos", respondi. Afinal, com o rosto coberto, era assim que eu ia mais ou menos "aparecer". Quando cheguei ao estúdio, fiquei sabendo que uma das meninas que ia dar o depoimento sem usar o tal capuz não havia aparecido. Perguntaram se eu topava entrar no lugar dela, com o rosto descoberto. Acabei topando.

Com o coração batendo na boca, fiquei me perguntando onde é que eu estava com a cabeça quando tinha aceitado fazer isso. O que as pessoas iam pensar. Imaginava meus pais, meus amigos... Passado o susto, cheguei à conclusão de que era hora de ser transparente. Eu não tinha do que me envergonhar. Afinal, se eu era uma puta, qual o problema de o mundo saber? Eu nunca havia ouvido essa expressão, *transparência*, mas hoje eu julgo aquele ímpeto uma transparência.

Enquanto estava no ar, mostrando minha cara para o Brasil inteiro, assumindo que eu era uma GP, que eu cobrava para fazer sexo com quem estivesse disposto a pagar, em vez de imaginar o choque dos telespectadores, pensava que, dessa forma, mostraria para meus pais que estava bem, que estava saudável, que estava me cuidando, apesar de tudo. Não queria que eles imaginassem minha vida na prostituição como algo decadente, decrépito, eu vestida como aquelas putas que sempre víamos pelas ruas, se oferecendo a quem passasse e se abrigando na agressividade para se defender da ignorância e da violência gratuitas.

Na volta para o *flat*, reparei que todos me olhavam de maneira diferente. Até o gerente, que nunca havia dito nada, chegou com um papo de que a vizinhança estava reclamando do entra-e-sai de homens do meu apartamento. Passei a imaginar que todo mundo que cruzava o olhar comigo, na rua, no supermercado, em qualquer lugar, estava me reconhecendo e me julgando.

Apesar do medo que senti no início, com o tempo fui ficando mais e mais convencida de que havia feito a coisa certa. Comecei a ser convidada para falar em outros lugares, a dar entrevistas. Eu não tinha nada a esconder. Quando estávamos trabalhando nos depoimentos para *O doce veneno do escorpião*, só havia uma coisa que ninguém sabia a meu respeito: a história do roubo das jóias.

Naquela ocasião, eu estava no pico de uma compulsão por drogas e por compras e acabei roubando um conjunto de jóias que meu pai dera de presente de aniversário de casamento para minha mãe. Foi por causa dessa passagem que levei a maior surra de toda a minha vida, enfrentei o silêncio dos meus pais, que não conversaram mais comigo até o dia em que saí de casa, e cheguei às barras do tribunal, diante de uma juíza, acusada de ladra, e quase fui parar na Febem. Foi assim que se rompeu o último elo familiar antes de eu sair de casa para ir trabalhar no privê.

Pensei muito sobre se eu contaria ou não tudo isso no livro. A resposta veio rápido: se eu havia escolhido a tal transparência para ser um norte na minha vida, não fazia sentido esconder. Daquele dia em diante, coloquei isso em mente: por pior que tenha sido, faça algo de bom por você mesma e seja verdadeira.

Sempre me perguntam se um dia vou contar minha história aos meus filhos. A resposta é sim. Sei que a repercussão de tudo o que expus é muito grande. Prefiro que eles saibam por mim, que vou dizer a eles a verdade sem nenhuma segunda intenção que não a de ser transparente.

Amizades

Ao longo da minha vida, conheci muita gente. Mas não soube distinguir entre "conhecidos" e amigos de verdade. Um erro básico que muita gente comete – mas uma lição dolorida de aprender.

Eu achava o máximo fazer parte da "turma do mal" no colégio. Era muito bom zonear, conversar durante as aulas (aquelas que não cabulávamos), escapar da escola para ir beber, fumar, se drogar e ser vista pelos outros alunos como uma pessoa *in*. Para mim, amigos eram aqueles que me entendiam e me aceitavam do jeito que eu era. Na verdade, eu é que me transformei naquilo que eles queriam que eu fosse – simplesmente para ser aceita. Para alguém que não tem amor-próprio, tudo é negócio para ser "aceita". Até deixar de ser você para ser alguém idealizado pelo modelo do grupo.

Depois que me encrenquei com a história de ter chupado um garoto do Bandeirantes, a repentina fama de galinha que ganhei no colégio assustou aquelas pessoas descoladas que eu imaginava serem meus amigos. Ninguém nem olhava na minha cara.

Quando fui parar no privê, logo percebi que no ambiente de trabalho não dá para ser amigo de ninguém. Você tem bons e maus relacionamentos "forçados" pela convivência do dia-a-dia. Ironicamente, apesar daquela concorrência, do serpentário que se abria cada vez que uma de nós não estava por perto, foi nesse meio que descobri o sentido verdadeiro de amizade. Talvez tenha sido exatamente por essa atmosfera tão pouco favorável que ela nasceu tão forte.

Eu não tinha muito a oferecer, além de minha amizade. Hoje, sei que até ela foi pouco para tentar devolver a essa minha amiga tudo o que ela fez por mim. Ela parou de trabalhar como GP e virou uma espécie de anjo da guarda da Bruna. Ajudava a agendar os programas, era minha confidente, me protegia quando eu estava deprimida. Mas a maior prova de amizade que ela poderia ter me dado foi quando resolvi parar com as drogas. Foi ela quem agüentou o tranco das crises de abstinência comigo, sem me deixar fraquejar, vendo o meu lado mais frágil e, ao mesmo tempo, mais violento. Uma relação de amizade baseada no comprometimento, na compreensão e no total desinteresse. É assim que defino minha amizade por ela. Aliás, é assim que eu defino amizade. Hoje, com esse quinhão de fama com que fui agraciada, tem muita gente que se aproxima para tirar sua casquinha. No entanto, não me deixo mais enganar. Gente para o oba-oba, para estar a seu lado no melhor, é fácil conseguir. Mas alguém que está ali para o que der e vier, de verdade, sem julgamentos – também sem complacência –, é algo raro.

Uma garota de programa nunca vai ser amiga de verdade da outra, por mais que a convivência seja boa, que você até goste da companhia. A razão? O ciúme, a disputa pelo melhor faturamento. Amizade requer desprendimento. Talvez seja melhor falar em "aliadas" em um momento ou outro. Ser preterida por um cliente, conseguir menos dinheiro do que a outra, ser mais ou menos bonita... Tudo leva à concorrência. Sacanear uma à outra era coisa normal. Não sou santa e também aprontei das minhas. O mais comum era, quando aparecia um cliente com quem ninguém queria ir, dar um jeito de deixar apenas a vítima disponível – e sem poder dizer não.

Nada disso, porém, chega aos pés do que significa roubar uma prima. Todas sabíamos quanto custava ganhar cada centavo. Eu fui vítima de uma dessas enquanto estava caindo de bêbada numa balada. Fui tirar satisfação com a desgraçada e acabamos brigando feio, de deixar marca.

Claro que o fato de eu me destacar de alguma forma sempre gerou ciúme e desconforto entre as demais garotas. Eu era muito jovem, sempre me cuidei bem, tratava todos com educação e fugia ao máximo daquela imagem da puta fatal, devoradora de homens. E isso atraía os clientes, principalmente aqueles mais tranqüilos. Cheguei a ouvir muita coisa pelas minhas costas, mas preferia fingir que não percebia. Cheguei a ter momentos de descontração e até de cumplicidade.

Por ter sido a garota que sempre trabalhou melhor nas casas por onde passei, eu tive a sorte de ser mimada pelas gerentes e cafetinas. Tudo bem que era na maior falsidade. Isso eu percebia, mas sabia tirar proveito da situação.

Mesmo sendo a "queridinha", tinha de entregar os 60% do que eu ganhava nos programas, como todo mundo. Reconheço que a Joana, gerente do privê na alameda Franca, foi como uma mãe para mim. Conversávamos muito e tínhamos uma cumplicidade imensa. Ela era muito engraçada, nos chamava de putas sem que soasse humilhante. Nós todas ríamos muito com ela.

"Vamos colocar ordem neste puteiro!", ela gritava quando estávamos fazendo muita bagunça. A Joana era uma mulher simples, mãe solteira de duas crianças pequenas. Fazia de tudo para dar o melhor aos filhos. Ganhava 10% do lucro da casa. Era uma pessoa triste, mas poucas vezes deixou transparecer: estava sempre sorrindo e falando besteiras que nos faziam rir. E como era bom rir de verdade naqueles dias...

Eu percebia que ela gostava muito de mim, fazia tudo o que eu pedia. Passava a mão na minha cabeça e me dava algumas exclusividades. Quando o movimento na casa estava excelente e eu subia com algum cliente que tinha combinado comigo o período de uma hora, ela interfonava depois de quarenta minutos. Tudo porque ela não queria que nenhum homem fosse embora por não poder me esperar – e sabia que eu estava ali para ganhar dinheiro. Se tempo é dinheiro, trabalhando como garota de programa, então... O procedimento era o mesmo quando eu subia com algum cliente de que não gostava: ela interfonava depois de quarenta minutos.

Quando eu estava estressada, e dizia que ia embora para nunca mais voltar, ela ficava realmente com medo de que eu estivesse falando a verdade – e, no fundo, eu estava – ela dizia: "Tira folga amanhã". Ela chegou até a me surpreender, quando disse para eu tirar uma semana inteira de folga.

Naquela época, ela já me dizia: "Bruna, você não nasceu para ser puta, você é muito inteligente e bonita, não precisaria ganhar dinheiro assim". Espero que, hoje, ela esteja feliz por mim. Gostaria que ela soubesse que eu escutei essas palavras e, por mais que ficasse com 10% do que eu ganhava, ela foi como uma mãe para mim.

Na segunda vez que voltei a trabalhar nessa casa, impus uma condição: eu poderia começar a trabalhar a partir da 1 da tarde e ficaria até a casa fechar. A Joana e a Larissa aceitaram. Naquela época, as outras meninas não ficaram enciumadas, pois eu já tinha conquistado o respeito de todas. Eu já era considerada uma psicóloga: era eu quem ouvia os problemas de cada uma, que consolava e as fazia parar de chorar.

Ao mesmo tempo, eu era considerada a irmã caçula e, por sempre ser a mais nova das casas, todas confiavam em mim. Claro que tive muitos contratempos com algumas meninas que entravam na casa, e quando viam que eu trabalhava muito, viravam as costas para mim e sequer conversavam comigo.

Lembro-me de que, no privê da Michigan, tinha uma prostituta que foi odiada por muitas. Por mim, inclusive. Nossos santos nunca bateram, e disputávamos os clientes. Eu sempre ganhava (rs). Sentia-me muito mal quando ela me olhava: a única coisa que eu queria era que ela não me olhasse com aqueles olhos ruins. As más línguas diziam que ela era macumbeira, algo de que não duvido.

Aliás, macumba era uma coisa comum. Algumas meninas faziam-na para atrair clientes ou então como oferenda para à pombajira com os mais diversos pedidos. Não sei se dá certo, porque eu nunca fiz. Para falar a verdade, nunca precisei me preocupar em não ter clientes.

Havia dias em que eu não trabalhava muito bem. Com o passar do tempo, quando eu não estava bem comigo mesma e desanimada para trabalhar, os clientes percebiam durante a apresentação. O olhar safado chama muito a atenção dos homens. Já a aparência de desânimo os afasta.

Por muito tempo trabalhei nos privês apenas por causa das meninas, da companhia que eu tanto gostava. Não conseguia me imaginar trabalhando sem cafetão, sozinha num *flat*, esperando algum homem me querer. Batia insegurança.

A alameda Franca foi o lugar onde mais gostei de trabalhar: eu considerava as meninas como irmãs – por mais que eu soubesse que, numas de "ou eu ou elas", a irmandade que fosse para a casa do chapéu. Eu também senti muita falta da Joana quando não estava lá. Apesar de tudo, foi onde eu conheci mais pessoas bacanas, de garotas de programas a clientes.

Já o privê do Brooklin, na rua Michigan, foi o lugar mais bacana em que trabalhei. Era uma casa ampla, bonita e aconchegante. Se tivesse prêmios para dar aos cafetões ou cafetinas, eu entregaria um à cafetina dessa casa. Ela passava quase todas as tardes conosco, conversava bastante e, por mais que estivesse nos explorando, sempre demonstrou muita preocupação. Quando percebia que alguém não estava bem psicologicamente, chamava para conversar. Ela queria que todas as meninas que estivessem trabalhando se sentissem bem. Ela nunca ficou devendo um centavo para ninguém; pagava-nos todos os dias e não nos explorava muito. Já não posso dizer o mesmo da Larissa, que ficou me devendo um pouco mais de 3 mil reais. Trabalhei quase um mês de graça para ela! Foi por causa disso que saí do privê dela, para nunca mais voltar!

Mas há coisas na vida que são muito engraçadas: a Larissa sempre foi uma pessoa muito ruim, nunca nos pagou em dia. Ela era uma mulher com um pouco mais de quarenta anos, casada com um cara bem mais novo do que ela. Ele era lindo, e ela morria de ciúmes dele. Ele não podia entrar na casa de jeito nenhum: ela não deixava. Às vezes, ele entrava rapidinho e nos olhava com um ar de safado.

Após ela ter feito muitas meninas sofrer, a vida dela teve uma reviravolta imensa. Um pouco antes de sair da prostituição, fiquei sabendo que ela perdera o privê, ficara tão endividada, não sei a razão, e dera a casa para pagar as dívidas. O marido tinha ido embora, pois era nítido que ele estava com ela por causa do dinheiro (que homem se casaria com uma bruxa daquelas?). Ele não trabalhava e era ela quem o bancava. Já que ela havia perdido a maior renda, ele se mandara. Pois é: aqui se faz, aqui se paga.

Essa fase de privês passou logo, pois fui atender em *flat* e o problema desapareceu. Mas surgiram outros. Aconteceu comigo de um cara me paquerar na balada e, depois de transarmos "à paisana", ele me dizer que estava feliz por ter transado com a Bruna Surfistinha. Filho-da-puta, não? Quem estava ali era a Raquel, que tem todo o direito de se divertir e dormir com quem quiser.

Isso foi gerando em mim um certo pânico da aproximação das pessoas. Depois do sucesso do primeiro livro, então, fica sempre difícil saber quem se aproxima de você por interesse ou por amizade. Na dúvida, a receita é simples: precaução e caldo de galinha – que não fazem mal a ninguém.

Sexo civil

Muita gente tem curiosidade em saber como é minha vida sexual depois da Bruna Surfistinha. Afinal, eu transei com tanta gente, realizei tantas fantasias (minhas e de meus clientes), que todo mundo deve imaginar que é preciso ser um super-homem para me satisfazer na cama. Bem, vamos por partes.

Quando você tem uma rotina como a que a Bruna tinha, de transar mais de seis vezes ao dia, é preciso mesmo variar o cardápio, para não deixar a peteca cair. É um pouco como teatro: os atores falam os mesmos textos todos os dias, andam para cá e para lá na mesma ordem. Mas tem sempre uma coisa diferente: ou a platéia é mais séria ou mais descontraída, você pode estar bem ou não. Então, a saída é mesmo achar pequenas e grandes graças novas a cada dia.

Por isso, como aquele era meu dia-a-dia, é claro que novidades diárias eram uma brisa nova, que me excitava e me alimentava. Aquilo que mais me excitava eu dava um jeito de incorporar na minha vida, para apimentar meus relacionamentos "civis".

Quando eu e o João Paulo realmente nos entendemos, e ele veio morar comigo, eu tive um certo receio de não parecer sincera quando tomava a iniciativa; temia parecer falsa. Por isso, tivemos um cuidado especial: deixamos as coisas acontecerem naturalmente.

Isso só acontece porque nos dispusemos realmente a ter intimidade – ao contrário de alguns clientes casados, que dava para perceber de cara que não podiam pedir algo diferente para a esposa. Isso eu chamo de falta de intimidade. Não existe um roteiro pronto para as nossas transas. Pode começar com um beijo inocente no sofá da sala, enquanto vemos um filme, ou numa brincadeira na cozinha depois de lavarmos a louça. Não pensamos em sexo 24 horas por dia, nem parecemos dois bichos no cio, que mal podem se olhar para a coisa esquentar. Porém, quando rola, fazemos exatamente o que temos vontade. Se um dos dois passa o sinal do limite do outro, o que é mesmo muito raro, fica parecendo telepatia.

Conhecer as reações dele é uma arte que devo à Bruna. Não que eu fique só preocupada com o prazer dele. Mas não custa nada ser generosa e prestar atenção nos sinais. É lógico que espero reciprocidade nessa atenção.

O mais importante é que não temos jogos de pudor, não fazemos c... doce um com o outro. Isso faz com que a cama seja uma brincadeira de prazer e de completude: somos duas pessoas que se amam e que se respeitam – nas suas vontades, nos seus desejos e no cuidado que temos um com o outro.

A Bruna me fez ter menos barreiras, sem dúvida. Não me envergonho do meu prazer e de dizer o que me dá prazer. Isso não cria obrigações para o João Paulo, mas abre uma porta para ele também expressar os seus desejos. Fica sempre aquele clima de descoberta, como quando estamos no começo de namoro e ficamos buscando coisas em comum. São pequenas afinidades, como "Ah, você curte U2? Eu também!", "Que coincidência: você também torce para o Corinthians?" ou "Então, você é como eu: um chocólatra".

A falta de barreiras na cama pode não garantir que um dos dois se sinta atraído por outra pessoa, até porque atração é natural. Porém, quando existe uma sintonia completa, principalmente na cama, a curiosidade cai pela metade.

Eu conheci tantos homens e mulheres como Bruna e, mesmo assim, como Raquel não senti nenhuma necessidade de buscar em outro homem qualquer realização sexual. Não posso responder pelo João Paulo, mas tudo indica que ele sente o mesmo.

Nosso sexo não tem nada de depravação, como muita gente imagina. Não nos sentimos obrigados a conferir todas as posições do *Kama Sutra* nem experimentar nenhuma tara que a gente não queira.

Com certeza coisas que qualquer mortal pode fazer, como o pompoarismo (o controle da musculatura vaginal durante o sexo), invenções na hora do sexo oral, descobrir novas zonas erógenas de parte a parte são coisas que, se não fosse a Bruna, a Raquel poderia até aprender, mas levaria um bocado de tempo a mais.

Se somos mais liberais do que outros casais? Não sei responder. Só sei que tudo o que fazemos na cama é bom, conhecemos as reações um do outro e não sentimos nenhuma vergonha por fazermos o que de bom o sexo pode oferecer. Eu não vou ficar aqui contando como são nossas transas. Primeiro, porque não acho bacana para nós dois. Segundo, são coisas que não se aprende nos livros: é preciso viver para entender. Uma coisa posso dizer: aprendi que sexo não é um bicho-de-sete-cabeças no relacionamento de um casal. E que estamos juntos não só por ele, mas por uma vida inteira a ser compartilhada – com sexo, amor, carinho, compreensão, amizade...

Amor

Durante o tempo em que fui garota de programa, nunca desisti dos meus sonhos. Eram (e ainda são) muitos. Um deles era o de encontrar um amor. Não tinha aquela coisa de achar alguém para "me tirar dessa vida". Eu queria mesmo amar e ser amada. Parece bobo, mas não é. Se já está difícil levando uma vida normal, imagina com a que eu levava.

Não faltaram clientes com os quais eu pensei: "com esse eu casava". Eram homens que me agradavam muito, com quem tinha química, transavam bem. Mas certamente não iam querer nada sério com uma prostituta. Depois de transas maravilhosas, eles voltavam para suas namoradas, noivas e esposas, como se nada tivesse acontecido. Lavou, está novo.

Para quem pensa que eu também estava atrás da "grande cartada", conto que tive um cliente já de idade, que queria que eu fosse viver com ele – em troca de dinheiro, óbvio. Não aceitei. Aquilo que seria um sonho para muitas primas, para mim não valia a pena. Eu havia largado o amor dos meus pais, das minhas irmãs e dos meus amigos para levar essa vida. Sabia que tinha de aprender algo. Aceitar isso, sem dúvida, não ia me deixar aprender o que era preciso. Se tivesse de ir com alguém, que fosse com quem eu amava de verdade. E que me amasse também.

Nos três anos em que fiz programas, continuei perseguindo esse sonho. Fiquei com alguns garotos, tive alguns namoros, como qualquer menina que vai à balada. Mas eu não contava para todos: "Olha, só tem uma coisa, sou uma puta". Já imaginou? Às vezes eu inventava alguma coisa, mentia mesmo. Mas quando passava de uma ficada, eu não podia esconder o jogo. Apaixonei-me, sim. E ele também. Foi o único relacionamento que eu posso chamar de NAMORO, assim mesmo, em letras maiúsculas.

Passamos por um tempo feliz, no qual minha profissão não interferia em nada. Às vezes, sentia que ele não estava muito a fim de sair e ficávamos em casa – transando. Mas isso não me incomodava. Ele era gentil, eu sentia que ele realmente gostava de mim. No entanto, queria mais. E foi exatamente nessa hora em que estávamos em um daqueles pontos cruciais de um relacionamento, do "o que será daqui para a frente?", que os fatos começaram a se precipitar: programas de TV, entrevistas, o nome Bruna Surfistinha passou a fazer sentido para um público maior. Tudo isso poderia somar dificuldades ao nosso namoro. Mas eu achava que conseguiríamos tirar isso tudo de letra, juntos. Sim, o mesmo papo de amizade, cumplicidade, compreensão... Eu realmente me esforçava para fazer funcionar.

No entanto, ele passou a ter reações estranhas, que não eram apenas de ciúmes por eu transar profissionalmente. *Bad trip* total. Por mais que ele dissesse que estava firme, que seguraria a barra da minha profissão, infelizmente não foi verdade. E acabou porque tinha de acabar. Fiquei muito triste, deprimida, sozinha. Mas como o jeito mais fácil de voltar à tona é bater os pés no fundo da piscina, experimentei mais esse momento de inferno pessoal.

Eu não me dei por vencida. Sempre batia uma certa insegurança, o medo de a juventude ir embora naquele trabalho e eu virar uma daquelas putas sem esperança, que vão ficando para escanteio... Depois que esse namoro terminou, passei um tempo fechada para balanço. Não queria saber de ninguém e isso afastava qualquer possibilidade de relacionamento. Era preciso estar aberta para que as coisas voltassem a acontecer.

Quinta-feira ☺

O primeiro programa do dia foi com um daqueles tipos "para casar". Tanto que ele já era casado. Confesso que dei um chá-de-cadeira no coitado: mais de uma hora. Eu estava com uma certa preguiça, torcendo para que ele fosse embora. Era a sua primeira vez comigo. E, soube depois, a primeira com uma GP (ao menos foi o que ele disse) e que ficou curioso por me ver na internet. Deu para perceber que o que ele estava precisando era mais de um bom papo do que de uma transa. Mesmo assim, foi gostosa, rolou gostoso, como se já nos conhecêssemos, em clima de namoradinhos.

Em janeiro de 2005, acabei fazendo um programa bem bacana, que rolou numa boa. Até porque o cara parecia gostar mais de conversar do que transar (apesar de fazê-lo muitíssimo bem e de ser do jeitinho que eu gostava: grandão, bonito, gentil, gostoso). Na verdade, ele precisava mais de companhia e de um bom bate-papo do que de sexo, naquele momento. Mal sabia eu que aquele seria o primeiro de sete programas, sendo que no último nem transaríamos, pois não havia clima para os negócios. Esse cliente era o Pedro. Ou melhor, o João Paulo.

Ele me disse que nunca havia saído com uma garota de programa e que também nunca havia ouvido falar de mim. Estava navegando pela internet quando cruzou com o meu *blog* e ficou curioso com o que leu e também com as fotos que estavam ali. Acabou indo buscar referências no *GP Guia* (um guia de garotas de programa em que há alguns fóruns de discussão e os clientes comentam das garotas. Eu, modéstia à parte, sempre estive bem cotada nele, sempre que entrei para xeretar) e decidiu experimentar, já que trabalhava e morava em Moema na época e estava bem pertinho do meu *flat*.

Na hora em que ele telefonou, eu só tinha livre o horário da 1 da tarde. E ele lá embaixo, na recepção do *flat*, esperando. Depois soube que ele quase foi embora – ele realmente não é um cara que ficaria esperando do jeito que ficou naquele dia. Pois é, nada acontece por acaso.

Na primeira vez em que ele veio fazer um programa comigo, não houve nada de especial. A transa foi tranqüila e até rápida. Ele foi tomar um banho e eu fiquei no quarto, como sempre, antes de um programa. Quando ele saiu, foi muito carinhoso, como se buscasse em mim algo que ele havia perdido, um carinho, uma reciprocidade. Mas eu era uma profissional. Ele não teve problema nenhum em, com muita delicadeza, explorar meu corpo inteiro com seus lábios e sua língua. Como percebi que ele estava precisando de atenção e relax, deixei-o deitado de costas, enquanto cavalgava até ele gozar.

Para minha surpresa, engatamos uma conversa agradável e acabamos nem partindo para o segundo tempo. Quando vimos, uma hora já havia se passado e ele precisava ir embora. Senti algo diferente, mas nem prestei atenção. Tanto que achei que ele nunca mais iria voltar. Pareceu-me ter ido até lá apenas para extravasar de alguma maneira, para relaxar dos seus problemas – que eu desconhecia.

Depois que ele foi embora, tirei minha soneca regulamentar de alguns minutos entre um programa e outro, e a vida continuou. Após algumas semanas, veio a segunda vez. Ele me contou que tinha ficado na dúvida se me procurava ou não, se repetiria um programa comigo ou não. E ainda teve chance de desistir, pois havia marcado das 16 às 17 horas, e acabou ficando quase uma hora me esperando antes de eu poder atendê-lo.

Quarta-feira ☺

> Hoje tive uma surpresa agradável: a volta de um cliente com quem curti muito fazer programa. De cara, eu nem havia me tocado, mas, quando abri a porta, saquei que seria um bom programa. E olha que eu deixei o coitado, mais uma vez, plantado mais de uma hora à minha espera. Mesmo assim, eu ainda ganhei um presente: o livro *A vida é bela*. Não sei dizer a razão, mas, por melhor que fosse o programa, eu me sentia estranha com ele, que insistia em se abrir comigo. Não sei se torço para ele voltar outras vezes ou não.

Ele chegou com um livro nas mãos, dizendo que, na verdade, queria trazer o filme de presente, mas ele não tinha achado. Era *A vida é bela*. E ainda riu da história da espera. "Ainda bem que era um livro: deu para ficar lendo enquanto esperava", disse. Continuou: "eu não queria vir, depois não queria ficar, queria desistir de esperar, mas não consegui".

Mais uma vez, a transa foi apenas um pretexto. "Eu não tenho hábito de fazer programa, mas fiquei muito curioso para conhecer a pessoa por trás daquele *blog*", me disse com sinceridade. "Sinto que eu já te conheço há muito tempo, por mais estranho que isso possa parecer." E parecia...

Eu me sentia vampirizada. Realmente acredito que a energia negativa dos clientes ficava comigo e a minha positiva ia embora com eles. Com ele não foi diferente. Conversamos muito, mais do que transamos. Ele viu a minha pastinha com as reportagens sobre a mesa e comentou alguma coisa. Eu respondi apenas "é...". Apesar da minha frieza, ele continuou se abrindo, dizendo que sempre foi uma pessoa de poucos amigos, embora tivesse muitos conhecidos. E que, comigo, se sentia à vontade para se abrir. "Mais um para me vampirizar", pensava comigo mesma, embora sem julgá-lo. Ele me falou da perda do seu irmão, que havia morrido na madrugada do Natal de 2004, das dúvidas sobre os rumos de sua vida e do seu casamento, que se reforçaram depois disso. Contou ainda das duas filhas e um pouco do seu trabalho. Enfim, mais uma vez eu era depositária do desabafo de um cliente. Faz parte do jogo.

Terça-feira ☺

> Hoje fiz meu terceiro programa com um dos meus clientes casados. Não sei explicar, mas parece que a gente se conhecia havia muito tempo. Se ele não fosse casado e não soubesse o que eu faço da vida, dava até para pensar.

Na terceira vez em que ele me procurou para fazermos um programa, o sexo já tinha um sabor bem diferente, tranqüilo, pois eu parecia realmente conhecer aquele homem de um jeito diferente. Mas eu não queria e não ia me apaixonar. Não tinha nada a ver. Se por um lado ele era um homem que tinha tudo o que eu procurava, ele também tinha tudo aquilo que eu não procurava. Eu queria que o homem da minha vida não soubesse que eu fazia programa – e ele sabia. Nunca quis um homem casado – e ele era. Desejava um homem sem filhos – e ele tinha. E, além disso tudo, eu não queria me apaixonar – ao menos não naquele momento.

Foi a Gabi quem primeiro me abriu os olhos para a paixão que estava nascendo. Nem dei ouvidos. Mas cedia em algumas coisas, fazia concessões e confissões. Como contar que não era eu realmente quem atendia ao celular, mas a Gabi, minha "dublê de voz"? Afinal, telefone de puta não pode dar ocupado nem cair na caixa postal, para não perder programa. E realmente é fácil de nos confundir ao telefone. Cada vez menos o sexo importava nos nossos programas, que pareciam mais encontros. Rolava sexo, era gostoso (ele costumava dizer que sempre parecia ser a primeira vez), no entanto as conversas ficavam cada vez mais próximas, necessárias.

Aquilo parecia coisa de adolescente, mesmo. Nenhum dos dois abria o jogo, por mais que já estivesse meio que na cara o interesse mútuo. De qualquer modo, quando ele vinha era um programa, e eu tinha de desempenhar meu papel: fazer sexo com ele – por mais que rolasse uma conversa gostosa depois, no lugar do segundo tempo.

Sexta-feira 😮

> Hoje recebi um vaso de flores, mas não sei quem mandou, pois o cartão apenas agradecia minha paciência e não estava assinado. Não costumo ficar com as flores que recebo. Ou por não serem do meu agrado ou pelo remetente não ser do meu agrado. Mas dessas eu gostei. Um vasinho com umas flores plantadas que eu não sei o nome. Vou deixar aqui na sala do *flat*.

Um dia, recebi um vaso de flores que achei bonito (nem todos eram e eu não pensava duas vezes antes de jogá-los fora) e acabei deixando-o na sala. Junto havia um cartão anônimo, agradecendo pela paciência em ouvir seus problemas e aconselhar com tanta clareza, mas dizendo que nunca mais nos veríamos. Eu nem desconfiava quem poderia ser esse cliente. Como disse, receber flores fazia parte da rotina. Nem o cartão me intrigou muito, para ser honesta. Na semana seguinte, quando ele entrou para fazermos um programa, uma voz soprou no meu ouvido: "foi ele". Fiquei com muito medo de perguntar. Mais uma vez, sexo rapidinho e dá-lhe conversa, ouvir música e apenas deixar ficar.

Foram ao todo sete programas. No último, nem eu nem ele queríamos mais aquele contato profissional. Era hora de tomar fôlego e coragem e tocar no assunto: o que seria dali para a frente? Eu não curto fazer programa com caras que viram meus amigos. Este era o caso. Então, tínhamos de colocar tudo em pratos limpos.

Fiquei chateada, pois ele não tomava a iniciativa. Comigo meio frustrada, subimos para o quarto, tiramos nossas roupas, ele tomou banho e conversamos. Eu continuei me portando como uma garota de programa, olhando para o relógio para fazê-lo gozar no tempo regulamentar e simplesmente ir embora. Quando percebi que a coisa não ia funcionar, perguntei se ele ia transar e a resposta foi não.

Acabamos apenas conversando, decidindo como nosso caso ia ficar. Não dava mais para ele ser meu cliente. Imaginem, até problema com meu *blog* ele já tinha ajudado a resolver, quando registraram o brunasurfistinha.com.br. E ainda foi atrás da burocracia quando meu CPF foi cancelado. *Eu* estava virando cliente *dele*, como advogado. Mas ele não queria cobrar. Mais uma razão para a história dos programas ter seu fim decretado.

Domingo

> Hoje eu tive um sonho estranho. Sonhei que eu tinha um filho e passeava de mãos dadas com ele. Muito estranho...

Ficamos um tempo sem nos falar. Uma noite, sonhei conosco de mãos dadas com um menininho – meu filho no sonho. Acordei meio perturbada. Como estava com problemas no meu computador, fui postar o *blog* em uma *lan-house*. Sem saber direito a razão, comecei a escrever um *e-mail* para ele, para dizer que não queria me envolver. De repente, um vulto se aproxima de mim por trás. Era ele!

Tive muita dificuldade em ficar daquele jeito, apaixonada, sem entender direito o que estava acontecendo. Nunca pedi nada a ele. Mas precisava definir a minha vida, independentemente de ele resolver ou não a dele.

No final de semana, eu fiquei doente, com dor de ouvido. Ele me telefonou no sábado para saber de mim e, no domingo, apareceu em casa para me levar remédios e a *Folha de S.Paulo*, que trazia de brinde um filme. Adivinha qual era? *A vida é bela*. Foi depois disso que as coisas se precipitaram. Estávamos quase no meio do ano, nossa história se arrastava desde janeiro, e eu querendo loucamente falar com ele todos os dias. Inventava motivos apenas para poder ligar. Menos nos finais de semana, claro, pois sabia que ele estava com a família – e eu respeito muito isso.

Chegou um domingo e eu não agüentei: liguei. Ele atendeu de modo muito estranho – depois fiquei sabendo que a mulher estava por perto. Fiquei péssima com essa bola fora. Mas ele mesmo já havia dito que o casamento, depois de cinco anos e meio, estava muito abalado. E Deus é testemunha de que eu sempre disse para ele tentar até o fim, não desistir, buscar saídas. Por mais que, intimamente, e sem deixá-lo perceber, o que eu queria mesmo era estar com ele. A iniciativa, em nome do que é certo, tinha de ser dele, sem qualquer interferência minha ou de quem quer que fosse.

Domingo, 12 de junho (Dia dos Namorados) 😃😃

Fui pedida em namoro!!! O Pedro (vamos chamá-lo assim, ok?), depois de fazermos sete programas e termos desistido de nossa relação GP/cliente, me pediu em namoro. Acho que nem eu acredito ainda.

Nessa ocasião ele tocou no assunto diretamente pela primeira vez: "vou largar tudo para ficar com você". Eu gostava dele, mas não podia deixar de abrir seus olhos com relação a tudo o que isso iria representar, da repercussão na família, os amigos, as filhas... Engraçado, pois até aquele momento, nós nunca havíamos nos beijado na boca, em nenhum dos programas que tínhamos feito. Nem foi nesse dia que rolou a primeira vez. Quando conversamos sobre isso, algum tempo depois, rimos muito. Eu estava com medo de ir para cima dele e ele entender tudo errado. Ele, com medo de vir para cima e ferrar tudo.

Claro que ele chegou em casa tarde e a mulher dele quebrou o pau. Ele juntou suas coisas e saiu de casa. Eu não sabia de nada, até ele me ligar, me convidar para almoçar e contar sobre a decisão. Fomos para minha casa e assistimos juntos à *A vida é bela*. Tanto ele quanto eu estávamos muito confusos. Não é para menos. Afinal, eu precisava aprender a me relacionar com ele não mais como uma GP – e ele não mais como cliente. Tínhamos um novo período de adaptação, de descobertas: sermos nós dois.

A mulher dele ligava no celular e ele não atendia. Aquilo me deixava ansiosa por um lado, mas feliz por outro. Ele queria ficar ali comigo. Chamou-me para irmos à Love Story dançar. Eu não queria. Fingi estar um pouco alta. Ele foi para a varanda e eu fiquei sozinha na sala. Quando o vi ali, de costas, olhando para a rua, senti que seria um bom momento para me aproximar. Abracei-o por trás (nós nunca tínhamos tido nenhum contato físico que não o dos programas) e rolou o primeiro beijo. Senti-me com 16 anos de novo.

Saímos, fomos dançar e, por mais que outros meninos se aproximassem de mim, eu fazia questão de mostrar que era com ele que eu queria ficar. De volta para casa, ele veio me dar um beijo de despedida. Acabamos transando como namorados pela primeira vez.

Foi tudo tão diferente... Eu queria. Ele queria. Eu tinha tesão por ele e ele por mim, coisa que eu nunca havia sentido em nenhum dos programas que fizemos juntos. Era uma coisa de corpo e alma. Não precisava mais fazer nenhum malabarismo, nem procurar agradar a todo custo: éramos duas pessoas apaixonadas, transando pela vontade de sermos um só, sem pressa, sem pudores, sem jogos de sedução ou truques profissionais. Foi como se o mundo parasse de girar.

Apesar de tudo, naquele momento eu tinha sim uma preocupação: dissociar a Raquel da Bruna, fazê-la desaparecer. Fiquei feliz por perceber que ali, naquele momento, fazendo amor, estava mesmo a Raquel, com todas as suas inseguranças e ansiedades, ainda que a Bruna tenha me ensinado muita coisa.

No domingo, quando acordei, liguei para a Gabi muito encucada: tinha medo de que tudo aquilo pesasse demais para ele e ele sumisse de vez. E se ele fosse mais um que quisesse um "troféu" e nada mais? Fiquei péssima, até a hora em que ele mandou um torpedo para o meu celular: "Bongiorno, Principesa", igualzinho ao protagonista de *A vida é bela*, que falava assim para sua amada. Depois disso, não tive mais dúvidas.

Para ele não deve ter sido fácil, pois todo mundo começou a perguntar quem era o moleque que estava com a Bruna Surfistinha, a julgar por seu comportamento. Eu nunca escondi o jogo para ele: mesmo sabendo que eu queria parar de fazer programas, isso ainda ia levar um tempo. E ele teve toda a paciência do mundo. Foi uma prova de amor.

Ele enfrentou o preconceito da família dele; toda a carga emocional, até certo ponto justificável, mesmo, da ex-mulher; o olhar torto da sociedade; o julgamento moral e muitas calúnias. Chegaram até a dizer que ele participava dos programas comigo e que, na verdade, ele era meu cafetão. Quando não, chamavam-no de corno manso e de chupador de p... por tabela, por me beijar. Sem comentários.

Eu tentava, quando ele chegava em casa, fazer de tudo para ele não perceber sinais de nada, por mais que ele soubesse desde sempre qual era o meu trabalho. Só duas vezes ele soube o que havia rolado. A primeira foi quando um cliente me agrediu, eu liguei para ele enquanto o dito-cujo estava no banho. Ele veio ao meu encontro para tirar satisfação com o infeliz. A segunda ocorreu na minha última transa. Ele ficou no Fran's Café em frente do meu *flat* me esperando. Quando o cliente saiu, liguei para ele chorando e disse: "Acabou".

Ele subiu e ficamos um tempão nos abraçando e chorando. "Sou só sua", disse, enquanto tirava o *chip* do celular, no qual registrava o número dos clientes, e dei para ele. Fomos jantar e na volta transamos. Foi ainda mais diferente.

Certamente não sou mais aquela menina inexperiente, mas transar com o João Paulo como mulher dele é totalmente diferente. Estamos realmente em sintonia, ele não tem pressa nenhuma de voltar para ninguém ou lugar algum, sabemos muito sobre o outro e tudo o que fazemos não é para impressionar, mas para tirar o máximo de prazer do sexo entre duas pessoas que se gostam muito, estão apaixonadas e vivendo uma história de amor.

Separação

Hoje, eu acho engraçado quando perguntam ao João Paulo por que ele trocou sua mulher pela Bruna Surfistinha. Toda vez que leio alguma revista de fofocas, o que mais vejo é fulano trocando fulana por sicrana; quem terminou o romance na semana passada, nesta já está desfilando com um novo par, declarando "amor eterno".

Não faz tempo, um famoso ator da Globo foi flagrado aos beijos com uma garota em uma balada, enquanto a mulher dele estava fora, em viagem de trabalho. Sim, deu o maior bafafá, foi notícia, mas ninguém teve peito de perguntar para ele por que ele fez isso, de aproveitar a brecha para trocar, mesmo que por uma noitada, a mulher por uma fã. Ah, talvez seja porque eu fui prostituta... Isso justifica, não é mesmo? É como o político que fala que ele roubou, mas roubou menos do que o outro. Santa cara-de-pau, não?

Nessa minha recente carreira de escritora, tenho recebido vários *e-mails* de homens que me contam terem se apaixonado por uma prostituta. Alguns foram em frente e se casaram com elas. Outros apenas curtiram uma paixão a distância. A única diferença da história deles para a do João Paulo é que eles são anônimos – assim como o passado de suas esposas. E ninguém tem mesmo de saber do passado de ninguém. Porém, no meu caso, isso é impossível. Talvez todo o barulho que se formou em torno da nossa história seja pelo simples fato de que nós materializamos um mito urbano. Sim, algo parecido com o fantasma da ópera. Todo mundo sabe de um primo da irmã da vizinha do cunhado que viu. Nós dois fomos lá e assumimos: "nós somos o fantasma da ópera".

No começo, me assustei muito com essa coisa da exposição pública. Questionei-me sobre se sou mesmo um monstro que destruiu um lar, sobre o porquê de ele ter trocado sua esposa por mim. Fui perguntar a ele. "Porque eu amo demais você."

Sem hipocrisia, sinto pena da ex-mulher dele. Ou ela pirava completamente ou começava a jogar pesado no sentido de me fazer parecer um monstro – e ela, a coitadinha que foi trocada. Talvez para se preservar, por ser mais fácil ou por não saber fazer diferente, ela preferiu a segunda opção.

Não sei até onde as aparições dela nos programas de TV foram ou não editadas, mas ao comentar um *e-mail* que lhe enviei, claramente um pequeno pedaço foi tirado do contexto e, isolado, fazia parecer que eu a humilhava – quando tentava fazer exatamente o contrário. Afinal, ela é a mãe das duas filhas do João Paulo. Eu nunca o impediria de ver as filhas dele, como tentaram fazer parecer. Só sei dizer que toda a discussão foi realmente patética...

Eu nunca impediria o João Paulo de ver as filhas, pois elas não têm culpa de nada que aconteceu. No início do ano, elas começaram a passar um final de semana a cada quinze dias conosco. Elas se dão muito bem comigo e eu com elas. Parece mesmo que elas me adoram. Eu não as trato como filhas, pois não sou a mãe delas. Sinto-me muito nova para fazer papel de madrasta. Digamos que somos quase como irmãs; elas, pequenas, e eu uma irmã mais velha. Porém, em vez de brigarmos, brincamos. Hoje, ao ver a mãe delas na TV tentando desmentir isso, colocando fogo no circo, eu já consigo rir da situação. Sei a verdade, o João Paulo sabe a verdade, as meninas sabem a verdade – e ela sabe a verdade.

Nada disso conseguiu mudar o amor que sentimos um pelo outro. Ao contrário: as adversidades fortaleceram nosso relacionamento e nossos sentimentos. Se ele estivesse arrependido do que fez, não estaria mais comigo – ou, talvez, me tivesse apenas como uma amante. Ou não.

Como futura psicóloga, observo que ela ainda fica muito perturbada com a situação, sem superá-la, reagindo até com um jeito adolescente de lidar com os fatos. É um pouco aquela história do "ah, ele terminou comigo? Então, vou fazer de tudo para ele ver que sou melhor do que a outra e ele vai se arrepender". Geralmente, é quando não estamos mais com alguém que o conhecemos melhor, pois as máscaras caem.

Ninguém está livre de uma traição. Nem eu. É preciso não apontar o defeito do outro, mas também se perguntar: onde foi que eu errei? Ninguém trai ou é traído sem motivo. Seja a busca por algo a mais que faltava no relacionamento, no dia-a-dia, seja a solidão que às vezes as pessoas experimentam – mesmo estando com alguém. Quando não estamos satisfeitos, buscamos o que nos falta. É do ser humano.

Ao percebermos que aquele caminho não é mais o que queremos trilhar, o mais digno é colocar as cartas sobre a mesa, ser honesto com a outra pessoa, pegar o chapéu e ir embora, se essa for a decisão. Reconheço que é justo e de direito alimentar esperanças de que o relacionamento melhore algum dia e que a crise passe. Mas isso não acontece por mágica: dá trabalho, para ambas as partes. Se ficarmos apenas na esperança sem a ação, o mais honesto é terminar. E sem jogar a culpa (se é que ela existe como a compreendemos) no outro. Fazer uma auto-análise, reconhecer os próprios erros, nos faz tirar o melhor de uma experiência dolorosa como uma separação.

Por isso, hoje fico tranqüila para entender que esse amor que temos um pelo outro só existe porque "a outra" não ocupa mais aquele lugar. Não haveria motivo para "trocar" uma pela outra. Ainda mais quando a "outra" tem o passado que eu tenho. Ele não enfrentaria o preconceito da sociedade se não fosse em nome desse amor.

Desejo a ela toda a sorte do mundo – assim como a todas que passaram, passam e passarão pelo que ela viveu. Não sei se chamo isso de destino, de vontade de Deus ou simplesmente de imponderável. Cada um que responda segundo suas crenças (no destino, em Deus ou no imponderável).

De volta para casa

Depois de toda essa epopéia, talvez a lição que falte aprender é a que vai me abrir novamente as portas para a vida familiar. Venho, em tentativas e erros, buscando essa lição há muitos, muitos anos. Sei que ainda vai levar um tempo até que eu encontre o resultado dessa equação que me levará de volta ao perdão, ao abraço, ao aconchego dos meus pais, das minhas irmãs, dos meus sobrinhos.

No meio desse caminho, topei com uma carinhosa troca de mensagens pelo computador com um primo querido. Estamos até combinando de nos encontrar em Sorocaba para matar a saudade. Quem sabe esse não seja o fio da meada? Torço por isso.

Eu leio e releio os *e-mails* que troquei com esse primo, que também é meu padrinho, esperando encontrar alguma pista, algum sinal de que as coisas possam estar minimamente favoráveis ao reencontro. Sei que estamos no caminho certo. Pode levar um dia, um mês, um ano... Mas vai chegar.

Oi Raquel,

Fiquei híper-super-upper-feliz por você ter respondido meu *e-mail*. Em momento algum, respondo principalmente por mim, ficamos contra você, Raquel, pois pouco soubemos do que estava ocorrendo. E, como lhe disse, o livro nos trouxe informações sobre as quais jamais pensaríamos ter conhecimento.

Não quero julgar ninguém. Se eu quisesse, teria prestado concurso para ser juiz e ganhar para isso. Mas nunca gostei de julgar ninguém, principalmente quando não sei qual é a versão da "outra parte".

Ninguém pode imaginar o que você sentiu. Somente você sabe. Você realmente foi abandonada por sua família biológica, mas foi ESCOLHIDA e criada por outra que te ama... Tenha certeza disso. Seu pai te ama muito... Creio, você vai me entender, que você foi, não, é a filha mais amada pelo seu pai e pela sua mãe.

De sua mãe não tem o que comentar. Quem conhece a tia como nós a conhecemos sabe que ela te ama, e que adoraria ter você junto dela. Seu pai também… Mas, como ele é da família, e todos da família são meio (bem) xaropes, ele não demonstra, ou ao menos esconde seus verdadeiros sentimentos atrás daquele jeito durão.

Como você mesma disse em seu *e-mail*, seus pais são pessoas maravilhosas, e não é que você não soube valorizá-los. Às vezes, mesmo sabendo do valor das coisas ou das pessoas, nos arriscamos e quebramos a cara.

Eu nunca fui santo… Sempre fui da pá-virada, aprontei o que podia e o que não podia, a ponto de chegar à perfeição de apanhar do meu pai e nem sequer chorar.

E, um dia desses, vasculhando meu coração, percebi que não tinha nenhuma rusga em relação a isso, pois eu era foda (pergunte para minha mãe)!

Comecei a dar maior valor aos meus pais e a outras coisas depois que constituí família e após a cirurgia que sofri em 2000.

Meu pai sempre foi muito ausente, por razão do trabalho, e minha mãe era quem segurava a bomba, com três filhos homens, mais ou menos da mesma idade. Ninguém, Raquel, foi um exemplo de filho. O único que foi acabou crucificado há mais ou menos 2006 anos.

Minha mãe esteve conversando bastante com a sua mãe no final do ano, e creio que na semana que vem sua mãe venha para cá. Ela NUNCA teceu nenhuma palavra contra você. Pode ter comentado superficialmente algumas coisas, mas jamais feriu sua lembrança. Seu pai teve que rebolar um pouco com a Rede TV! e com a Band, que não saíram da porta deles por alguns dias, mas nada tão terrível. [...]

[...] Repito para você o voto que fiz a Deus no dia do seu batismo. Ele está de pé e é REAL em minha vida. Tudo isso que aconteceu serviu inclusive para eu repensar meus valores e ver se estava agindo corretamente com as pessoas, principalmente com as que amo. Vi que negligenciei você, mas estou feliz de você ter entrado em contato comigo. [...]

[...] Tenho certeza, Raquel, de que um dia verei você e seu esposo entrando no apartamento dos seus pais, com seu filho no colo, e seu pai e sua mãe babando pelo netinho (ou netinha) que você irá lhes proporcionar. Você sabe a forte relação que temos com seus pais. E isso desde muito antes de eu nascer. Por isso, posso afirmar que você é especial para eles.

Bom, fico por aqui, senão quem acaba escrevendo um livro sou eu... hahahaha

Um grande beijo para você e um abração para seu noivo!!!

Seu primo.

Oi primo,

Foi uma surpresa enorme ter recebido um e-mail *seu! Eu pensei que todos da família estivessem contra mim.*

Tenho saudades de vocês, da tia, do tio, de todos.

A minha vida foi muito conturbada. Eu não era feliz, me sentia um patinho feio e a adoção foi um trauma para mim. Nunca aceitei o fato de ter sido abandonada pela minha família biológica.

Eu sei que meus pais são pessoas maravilhosas, eu é que não soube valorizá-los. Eu saí de casa muito magoada com meu pai, por ele não ter me compreendido, por ele nunca ter sentado para conversar comigo e tentar entender o que se passava na minha cabeça. Para ele, a solução da minha rebeldia foi sempre me atacar com palavras ofensivas, depois a solução seria me colocar na Febem. Eu nunca vou me esquecer de quando ele me disse: "Eu não devia ter te adotado, deveria ter deixado você passar fome e frio".

Não estou te contando tudo isso para que você fique com raiva dele, longe disso. Você o conhece e sabe que, por mais que ele não tenha sido um bom pai para mim, ele é uma pessoa muito querida por todos.

Eu consegui perdoá-lo. Ainda tenho mágoas, sim, mas o perdoei como ser humano. O que mais quero agora é que eles consigam me perdoar. Eu posso não ter sido um exemplo de filha, mas reconheci os meus erros e mereço perdão.

Pode até ser que eles nunca mais queiram me ver, nem pintada de ouro, mas o perdão entre todos nos fará muito bem. Eu não sei o dia de amanhã, não quero morrer sem ter resolvido isso. Muito menos quero que algum deles morra; acho que daí, então, eu nunca me perdoaria.

Fico feliz por saber que vocês estão bem! Lembro que vocês passaram por uma fase muito difícil também. Que bom que vocês conseguiram dar a volta por cima!

Hoje minha vida está resolvida. Parei de fazer programa, não me orgulho de ter feito, mas não me arrependo. Era para ter sido assim. Estou morando com o meu namorado há quase seis meses e estamos felizes. Ele cuida bem de mim e tenho certeza de que meus pais gostariam dele. Estou feliz e consegui dar a volta por cima também. Quero continuar mantendo contato e te passo meu e-mail *pessoal.*

Obrigado por ter me mandado um e-mail *e por não ter me julgado.*

Beijos para todos,
Raquel.

Bom dia Raquel,

Todos em casa leram seu livro. Minha mãe, meus irmãos. Minha esposa também leu. Minha mãe chorou com as histórias que você contou no livro, principalmente com o amor que ela sentiu que você tem pela tia. Raquel, aqui na minha casa todos amam você e sentem sua falta. Lembramos sempre de quando você era pequenininha e de, quando te dávamos alguma coisa, você falava "OBATATA" em vez de obrigada...

Não temos pretensão de nada, Raquel. Não queremos aproveitar de sua fama para nada. O que queremos realmente é ter você junto de nós novamente.

Lembro quando te carreguei com dois dias de vida... Lembro também quando batizei você com sua irmã, fazendo a promessa a Deus de cuidar de você. Promessa essa que, pode ter certeza, me foi cobrada duramente...

Meu pai continua trabalhando como louco, minha mãe se aposentou, meus irmãos estão bem: um dá aulas em São José dos Campos e o outro é publicitário. E eu advogo e tenho alguns negócios.

Não esqueça que te amamos. Espero que nos vejamos logo. Venha nos visitar.

Um grande beijo,
seu primo.

Oi primo,

Faz tempo que não nos comunicamos. Pode ter certeza de que não foi por falta de consideração minha, mas por falta de tempo – e também de coragem. Já algumas vezes peguei o telefone com a intenção de te ligar, mas paro de discar no meio do número e desligo. Começo a chorar. Para mim, ainda é muito estranho entrar em contato com alguém da minha família após quase quatro anos.

Voltei há poucos dias de uma viagem que fiz para divulgar meu livro em alguns países da América Latina. Felizmente, a "Bruna Surfistinha" está indo bem. Mas a Raquel não.

Eu tenho sentido muita falta de todos vocês e, claro, principalmente dos meus pais e das minhas irmãs. No domingo, que foi Dia das Mães, fui a uma floricultura e comprei algumas orquídeas para a minha mãe, pedi para entregarem com um cartãozinho. Não sei se ela recebeu.

No último Natal, mandei um presentinho para ela com uma cartinha, na qual contei como tinha sido a minha vida e, no final, coloquei os números dos telefones onde ela poderia me encontrar. Mas ela nunca me ligou. Nem sei se o presente foi entregue a ela porque, quando eu deixei na recepção do prédio deles, o porteiro disse que meu pai é quem desceria para pegar. Como conheço meu pai, acho que ele deve ter jogado no lixo.

Eu não sei o que faço. Falta muita coragem de entrar em contato com todos. Eu tenho muita vergonha e, ao mesmo tempo, muito medo, pois eu não sei qual será a reação deles. Meu maior medo é que desliguem na minha cara ou que nem queiram falar comigo.

Eu sei que errei muito. Sei também que nenhum pai quer ter uma filha que foi prostituta. Mas acho que mereço perdão, por pior que eu tenha feito.

No final do ano passado, o meu cunhado entrou em contato comigo por e-mail. *Contou que minha mãe foi para lá visitá-los e me mandou algumas fotos dela durante a viagem. Fiquei feliz por ela. Eu não queria que a vida deles parasse por minha causa. Pelo que entendi, ele e minha irmã não estão mais juntos, mas, mesmo assim, ela está superbem profissionalmente – e, pelo sorriso dela nas fotos, emocionalmente também.*

Eu tenho sonhado muito com meus pais. Mas são sempre sonhos bons, em que estamos nos reencontrando. Em um desses sonhos, eu e minha mãe estávamos batendo o maior papo sentadas em um sofá.

Eu e meu namorado estamos planejando passar um final de semana aí em Sorocaba. Se puder, quero me encontrar com você, para conversarmos. Depois, se puder, também quero encontrar seus pais. Mas prefiro primeiro me encontrar com você, para que eu tenha uma emoção de cada vez. Além disso, você me falou sobre a tia, mas não sei se seu pai me perdoou ou não. Provavelmente não, porque ele é irmão do meu pai, né? São do mesmo sangue.

Dê notícias de vocês e dos meus pais também. E me diga qual é o melhor horário para eu te ligar.

Beijos,
Raquel.

Linda Raquel,

Fiquei muito feliz com seu *e-mail.* E também fico muito feliz com o seu sucesso com os livros. Não fique na metade para me ligar: ligue o número inteiro. A emoção faz parte. Afinal, tanto tempo se passou... Mas saiba que meu amor por você sempre persistiu e persistirá. Sou da família e me orgulho disso, pode ter certeza.

Meu pai não tem nada contra você, Raquel. Até foi engraçado. Eu já tinha lido o livro, mas ainda estava reticente em mostrá-lo para o resto da tropa. Daí, meu pai chegou com um jornal, creio que a *Folha*, que tinha a sua foto e estava falando bem do livro. Daí mostrei. Ele gostou muito, também.

Minha avó, lá de Prudente, com 86 anos, está lendo o seu livro, que levei nesse final de semana para emprestar para ela. E ela está amando! Rsrsrs

A sua irmã me ligou há um mês e meio, mais ou menos. Falamos ao telefone e ela me questionou a respeito do seu *e-mail*. Ficou claro na conversa que sua mãe está louca para te ver. Seu pai também. Mas ele tem cabeça-de-bagre como boa parte da família... Creio que futuramente seu contato será com sua mãe primeiro. A tia tem um coração bondoso, você sabe disso. Seu pai também. Mas é cabeçudo!!!

Continue mantendo esses contatos com sua mãe, mesmo que seja só nos dias festivos, pois ela te ama, Raquel. Tenha certeza: toda a dor, um dia, se converte em alegria no outro.

Venha para Sorocaba. Já avisei minha mãe que você quer vir e ela também te espera. Se quiser fazer um "pré" comigo e minha esposa, tudo bem. Mas todos em casa esperam por você. Inclusive meu pai e meus irmãos.

Nós não temos do que te perdoar, Raquel. Erros cometemos aos montes, e meu pai também pensa assim. Já fiz muita c*g*d* na minha vida que deixaria você atônita. Rsrsrs

Sabe, Raquel, sou um cara muito família, você sabe disso, e sinto muito sua falta. Eu sempre mantive contato com todos e, para mim, é uma tortura a distância dos que amo. Aguardo ansioso seu telefonema. Ligue a hora que desejar.

Sabe... Deus nos ensina que tudo o que nós abençoarmos, abençoado será. E eu te abençôo, Raquel, pois uma das atitudes mais nobres e difíceis de serem tomadas é o arrependimento; ela dispensa o perdão. Nisso, você se mostrou abundante.

Te amo!
Seu primo.

Eu sinto que essa visita ao sítio será o primeiro de muitos passos em direção à retomada da minha vida, da minha família. Cada pequeno centímetro que me conduza nesse caminho já fará de mim uma mulher mais feliz e mais realizada. Em algum momento, no meio dessa trilha, meus passos vão cruzar novamente com os do meu pai, da minha mãe, das minhas irmãs e sobrinhos. Pressa eu tenho, pois as saudades que sinto ocupam um espaço enorme onde poderia haver paz, harmonia, felicidade. Conquistei muitas coisas, muito mais do que jamais poderia imaginar. Mas também perdi coisas que nunca achei que poderia perder. Reconquistá-las é um dos meus projetos de vida. Talvez não o maior, porém, sem dúvida, o mais importante. Essa é uma lição que eu ainda vou ter de aprender.

Quando eu e o Jorge terminamos este livro, fui surpeendida por um pedido do João Paulo. Ele desejava escrever um capítulo contando o seu lado sobre a história que envolve o nosso relacionamento e o fim do seu casamento. Seria um desabafo e um esclarecimento dos fatos. Fiquei muito feliz, afinal, assim como eu, ele também foi vítima de falsas acusações. Pela importância do seu depoimento, resolvi encerrar este livro com o capítulo a seguir.

A verdade de cada um

por *João Paulo Moraes*

Toda história tem dois lados e uma verdade. Até agora só foram mostrados lados, mas onde será que está a verdade?

É impressionante como as pessoas escutam algo e aquilo se torna uma verdade absoluta. Ninguém pára e analisa os fatos ou ao menos tenta entender o porquê daqueles acontecimentos.

Não me pronunciei até agora e provavelmente esta seja a última vez, mas não posso permanecer calado diante de tamanho teatro que está sendo armado por uma pessoa, vivido por algumas e assistido por milhares.

Ninguém consegue sentir ou mensurar o que acontecia se não viveu a situação ou, pelo menos, tenha presenciado parte dela. Nem eu, que vivi os dois lados, sei se conseguirei explicar. Tudo o que sei é que há vários pontos que precisam ser esclarecidos.

O primeiro, e o que eu julgo ser o mais importante: eu não namoro com a Bruna Surfistinha, e sim com a Raquel Pacheco, a mulher que existe por trás da personagem. E anteriormente eu fui casado com Samantha Oliveira Pita, a mulher que está por trás da personagem Samantha Moraes.

É muito fácil uma pessoa aparecer na TV, ainda mais sendo namorada de um diretor de programa de auditório, falando que era a dona de uma casa perfeita, a mãe exemplar, a batalhadora que fazia salgadinhos em casa, que tinha o casamento dos sonhos de qualquer mulher e que da noite para o dia um furacão passou em sua vida e acabou com tudo. Foi traída pelo marido que a trocou por uma garota de programa, mas que deu a volta por cima, que realizou o grande sonho de escrever um livro, que vai ganhar muito dinheiro com isso e agora pode comprar a dignidade das filhas de volta.

Quando ouvi essa história pela primeira vez, confesso que até fiquei comovido. Que monstro de marido faria isso? Largar um casamento perfeito para entrar numa aventura amorosa por aí, deixando as filhas ao relento? Mas daí eu olhei bem para a mulher que aparecia na TV e a reconheci – pelo menos fisicamente. As coisas que ela dizia eram novidades até mesmo para mim.

Eu a ouvi dizendo que vivia um casamento perfeito. Mas casamento tem dois lados e o perfeito para um pode ser o inferno para o outro. São duas pessoas vivendo aquela situação e não somente uma. É como em um jogo de futebol, são dois times em campo, disputando a mesma partida e o jogo termina 5 X 0. Para o time que ganhou, o jogo foi perfeito e para o que perdeu? Será que também foi? Com certeza não.

Não estou aqui para fazer um balanço de como foi ou poderia ter sido o casamento, pois isso já faz parte do meu passado há bastante tempo. Também não vou julgar quem errou, pois também cometi erros. Tenho a plena consciência de que errei quando procurei pela Bruna Surfistinha enquanto estava casado, mas isso não é nem de longe o que me levou a sair de casa e começar uma vida nova.

Hoje vejo que as pessoas querem crucificar a Bruna Surfistinha como destruidora de lares, a mulher que desfez uma família, que separou o pai das filhas e outros absurdos mais. Se há uma pessoa que não tem a menor culpa nessa história toda, essa pessoa é justamente a Raquel.

Ainda não li o relato de minha ex-mulher sobre como tudo começou entre nós. Vi somente uma sinopse em um convite de internet que dizia sobre amor, sexo e traição. Levando em conta esses temas, acredito que o que eu contarei não será novidade para ninguém... Ou será?

Eu conheci a Samantha no primário. Tínhamos aproximadamente sete anos de idade e brincávamos juntos no intervalo das aulas pelos seis meses seguintes, até ela ser transferida para outra escola. Morávamos no mesmo bairro, casas próximas, e nos encontrávamos com certa freqüência. Depois veio a adolescência, as mesmas turmas. Ela com seus namorados e eu com as minhas, uma vida como a de qualquer outra pessoa de nossa idade. Ficamos muito tempo sem nos encontrar, pois ela teve que se mudar da casa da tia – que era próxima da minha –, indo morar na casa de seu pai, um pouco mais afastada. Não sei exatamente o motivo, mas lembro-me que foi algum destes castigos que os pais aplicam em adolescentes rebeldes com problemas no colégio. Provavelmente para ver se o pai e a madrasta, que impunham um regime mais rígido, a colocavam na linha... Mas como disse, coisas de adolescente.

Não sei por quanto tempo morou lá, acho que cerca de um ano. Mas houve um incidente que tornou incompatível sua convivência naquela casa. Ela furtou um sutiã, ou outro objeto qualquer, em uma loja e foi descoberta pela empregada da casa que contou para a sua madrasta. Acabou indo morar com a avó paterna, uma senhora pela qual eu tenho o maior respeito, admiração e sempre nos ajudou demais nos momentos difíceis.

Já morando com a avó, nos reencontramos. Estávamos há alguns anos sem nos ver e tínhamos muita conversa para colocar em dia. Nos falávamos bastante ao telefone, tínhamos amigos em comum. Enfim, houve uma reaproximação. Sou um pouco ruim com datas, mas dos fatos eu não me esqueço.

Lembro-me bem de quando eu trabalhava em uma loja do shopping Iguatemi e ela apareceu com um noivo para me convidar para ser padrinho do casamento. Achei por bem escrever *um* noivo e não *o* noivo, pois eu fui o quarto ou quinto noivo que ela teve – mas isso também não vem ao caso.

Nessa época eu namorava havia dois anos. Coincidentemente, minha namorada era irmã de uma de nossas amigas de turma da adolescência. Como todo relacionamento tem seus altos e baixos, estávamos brigados e assim ficamos por uns vinte dias mais ou menos.

Nesse período, ela me ligou e disse que o noivo estava viajando. Perguntou se eu não tinha um amigo sobrando para sairmos com ela e uma prima. E lá fomos nós para um barzinho qualquer; bebemos, conversamos e fomos embora. Na despedida, ficamos juntos pela primeira vez. Ela se foi e eu fiquei com aquilo martelando na minha cabeça: minha amiga de tantos anos e ainda por cima seria minha afilhada de casamento. Achei por bem não dar continuidade àquilo, estava confuso e simplesmente deixei uma carta para ela e sumi.

Passaram-se mais dois anos e eu já havia reatado meu namoro – que desta vez fluía normalmente.

Eu a encontrava com alguma freqüência, pois nessa época ela andava bastante com as pessoas da minha turma. Saiu com dois ou três deles, mas não podíamos nos reunir todos, pois minha namorada, talvez pressentindo o perigo de tê-la por perto, não deixava que eu freqüentasse constantemente os mesmos lugares que ela.

Como mulher tem um sexto sentido aguçado para traição, não é que minha namorada tinha razão do perigo? Começamos a sair escondido: durante o dia a namorada; à noite, a amante. Essa situação perdurou por uns 15 dias aproximadamente, até que recebi um ultimato: a amante não queria mais ser a outra, queria ser a oficial. Eu estava cego, envolvido com a relação, talvez misturando a paixão com a longa amizade. Fui lá e sem um breve aviso, sem uma situação de briga, sem desentendimentos, acabei com o meu namoro de quatro anos.

Mas eu não era o único que levava uma vida dupla, pois ela também tinha namorado. Viam-se muito pouco; ele era da Aeronáutica e parece que morava fora de São Paulo. Lembro-me como se fosse hoje, na sala da casa de meus pais, ela pegando o telefone (eu na extensão) e terminando seu namoro. Ainda ouvi a voz do outro lado dizendo: "Acho que estamos fazendo um trato: você entrando com o pé e eu com a bunda!", e ela sorridente concordava.

Talvez ela não tenha tido a oportunidade de contar essas passagens de sua vida anteriormente, mas sempre é bom relembrar, pois mostra que quando ela fala sobre traição e roubar o homem de outra mulher, também tem bastante experiência no assunto.

Entre namoro, noivado e casamento foram menos de seis meses. Todos achavam uma loucura, me perguntavam se eu tinha certeza, não só meus amigos e parentes, mas também os parentes dela. Aparentemente, eu já a conhecia havia 17 anos, ou melhor, pensava que conhecia. Uma tia dela, por mais de uma vez, me disse que eu não a conhecia, que ela era "um bicho". Mas, como dizem, quer conhecer sua namorada, se case. Quer conhecer sua mulher, se separe. Pode até ser uma colocação machista, mas no meu caso, serviu como uma luva.

Engraçado ela aparecer na TV falando que era trabalhadora. Enquanto estávamos casados ela não chegou a voar um ano na companhia em que estava e pediu demissão. Adicionando todas as demais coisas que se aventurou a fazer, não somam mais um, e ficamos casados seis anos.

Bom, mas se não trabalhava era porque cuidava da casa e das filhas. Pois é, também não. Adorava ficar acordada até de madrugada. A primeira brecha que aparecia para fazer uma baladinha com quem quer que fosse, estava pronta e não hesitava em ir sozinha. Até mesmo o meu pai sempre dizia: "Ela não é do lar, é do bar!". Alegava que me convidava para ir junto, mas eu estava sempre cansado e não queria ir. Mas como poderia ir se tinha trabalhado o dia todo desde cedo? Talvez se não trabalhasse e acordasse depois do almoço como ela, tivesse a mesma disposição.

Por que ela não conta sobre as brigas que tivemos? Até a polícia apareceu em casa para apartar a situação, das vezes que chegamos até a agressões físicas, das inúmeras ocasiões que ficou bêbada e quebrou várias coisas em casa? Não fala sobre quando eu ficava em casa com as meninas e ela saía com os amigos e voltava de madrugada. Ou quando, às vésperas da separação, chegou em casa com dia claro e o rosto todo machucado, pois havia levado uma surra da irmã ao chegar alcoolizada na casa da mãe para buscar as filhas – e, ao que tudo indicava, havia desrespeitado a própria mãe.

Não tenho que ficar aqui contando sobre um casamento que já terminou, mas não posso deixar as pessoas imaginando que tudo era perfeito e que da noite para o dia eu fui arrancado de uma família perfeita para viver uma loucura. Já que só se fala das maravilhas, eu tinha que mostrar que também havia o outro lado. Sim, todos os casamentos têm o lado bom, mas também o lado que as pessoas se desentendem, brigam, fazem suas picuinhas, enfim, o lado ruim. E quando as coisas ruins superam as boas, ele acaba.

Da forma como é contado, parece que tudo ia muito bem e um belo dia eu acordei, peguei minhas malas e fui morar com a Raquel. Mas não foi bem assim.

As coisas já não iam bem para mim, tanto que eu preferia ficar no escritório até bem tarde em vez de ir para casa para ficar discutindo e me desgastando sobre as mesmas coisas de sempre.

Certo dia achei na internet um *link* do *blog* da Bruna Surfistinha. Entrei, comecei a ler os relatos, as histórias e descobri que ela estava mais perto do que eu imaginava. Fiquei curioso, mas não telefonei. Comecei a acompanhar o dia a dia dela por mais de uma semana, até que resolvi ligar. Nos encontramos sete vezes, uma vez por semana. Era muito estranho, pois eu tinha a impressão de que já a conhecia havia muito tempo. Nos entendíamos muito bem, ela olhava para mim e já sabia quando eu estava bem ou mal. Conversávamos muito e eu me sentia à vontade para contar a ela coisas que eu não queria desabafar com ninguém. Em contrapartida, ela desabafava várias coisas comigo, que não contava nem para a Gabi, que na época morava com ela. Nesse período, que foi entre janeiro e início de fevereiro, começou uma nova amizade, que parecia ter muitos anos. Eu conheci a Raquel, a garota por trás da personagem.

De comum acordo, vimos que não era mais possível essa relação de cliente; deixamos o sexo de lado e continuamos apenas com a amizade. Conversávamos várias vezes por telefone, trocávamos *e-mails*. Quando precisávamos desabafar ou simplesmente contar alguma coisa, falávamos um com o outro.

Eu fui a sua casa vários fins de semana; almoçávamos juntos, assistíamos a algum filme, dávamos muitas risadas. Até mesmo muito antes do livro *O doce veneno do escorpião*, eu já sabia de toda sua história. Ela era uma nova amiga, que não fazia parte do meu círculo de amizades. Eu não havia contado sobre ela a ninguém, somente para um amigo. Ele sabia da situação do meu casamento, freqüentava a minha casa e, ainda, me avisou: "Cuidado, por tudo que você tem passado em casa, com uma amiga nova você pode acabar se apaixonando". Ele acertou.

Dentre as diversas coisas que conversávamos, falávamos muito sobre o meu casamento. Contei tudo o que acontecia, que eu pensava em me separar e dar um basta em tudo aquilo; só não havia levado ao extremo ainda por conta das minhas filhas e também por comodismo. Só Deus sabe quantas vezes ela falou para eu pensar bem, para relevar, que isso era uma fase, que passaria e tudo ficaria bem novamente.

O fato de estar tratando minha ex-mulher de forma diferente nessa época, sendo mais carinhoso, levando presentinhos e flores – que hoje ela prefere chamar de sentimento de culpa –, na verdade era uma forma de tentar resgatar alguma coisa que hoje eu vejo que foi perda de tempo.

Tudo foi indo desta forma até o mês de maio. Um dia, enquanto nos falávamos por telefone, percebi que a Raquel estava muito mal e que precisava esfriar a cabeça. Passei na casa dela e saímos para dar uma volta de carro e conversar. Rodamos horas pela madrugada da cidade e paramos para tomar uma cerveja. Depois disso eu a deixei e fui para casa.

Dois dias depois, minha ex-mulher pediu o carro emprestado para fazer alguma coisa. Fui trabalhar e deixei o carro. Este foi o dia D.

Ela achou um fio de cabelo no carro. Saiu feito louca procurando de quem seria; foi ao escritório, pois nesta época tinha uma loira trabalhando conosco. Lá chegando não me encontrou, nem ela, porque coincidentemente naquele dia ela havia me dado uma carona pois eu estava sem carro.

Engraçado, falar que tudo ia tão bem no casamento e só dar pela falta do marido cinco meses depois, mas tudo bem.

Quando cheguei à noite, já foi me acusando de estar tendo um caso, de ter uma amante, o que não era verdade, pois até então a Raquel era só uma amiga. Para mim, era o que faltava. Nem quis discutir. A decisão que eu já vinha amadurecendo na minha cabeça, naquela noite se concretizou.

Na manhã seguinte, eu tinha a certeza do que seria dali para a frente, só não esperava que fosse acontecer algo naquela noite que mudaria completamente a minha vida. Passei o dia fora de casa e fui para o único lugar onde eu tinha certeza de que ninguém me acharia e que eu poderia esfriar minha cabeça: a casa da Raquel.

Cheguei lá e ela estava com uma amiga. Almoçamos juntos, assistimos a um filme e eu só pensava como seria a minha vida dali para a frente e, ainda, com raiva por tudo o que já havia passado anteriormente. Começamos a conversar e decidimos sair à noite, os três. Queria esquecer tudo o que aconteceu.

Antes de sair, ficamos bebendo, ouvindo música, conversando. Quando a amiga dela foi tomar banho, eu saí para a varanda do prédio e fiquei lá sozinho, pensando na vida. Então a Raquel chegou, nos abraçamos e quando eu dei por mim, estávamos nos beijando. Era a primeira vez que ficávamos juntos desde a nossa conversa em fevereiro.

Passamos a noite toda juntos, fomos dançar e saímos de lá só quando o dia clareou. Não voltei para casa, fui dormir em um *flat*. Fiquei completamente perdido; se antes eu já estava confuso, aquela nova situação me deixou ainda mais.

Durante a semana ainda fiquei pesando a situação, sabia de tudo que ia enfrentar: o preconceito das pessoas pelo fato de na época a Raquel ainda se prostituir, o medo de ser apenas algo de momento entre nós dois, o fato de não estar mais diariamente com minhas filhas, enfim, tudo o que, no futuro, esta situação poderia acarretar. A única coisa que estava certa na minha cabeça era que com a minha ex-mulher eu não queria ficar mais, que eu não precisava mais passar por tudo aquilo novamente.

Ainda estávamos morando no mesmo apartamento e ela continuava me pressionando com aquela situação. Eu permanecia ali para ficar perto das meninas e, ao mesmo tempo, não queria mais estar com ela. Não tive outra escolha a não ser pegar umas coisas e sair de casa. Mas para onde?

Como eu passava o dia todo fora e só teria de ir para casa para dormir e tomar banho, resolvi voltar para a casa da minha mãe, pois ela manteve o meu quarto vago desde que me casei.

Comecei a ver a Raquel todas as noites, trocávamos mais *e-mails* do que antes, falávamos muito mais ao telefone, naturalmente. Eu sabia o que ela estava fazendo durante o dia, procurava não pensar nisso e me ocupar com outras coisas. Eu saía do escritório e ia visitar as meninas; quando a Raquel me ligava à noite eu ia encontrá-la.

Comecei a passar os fins de semana com a Raquel. Dormia lá de sexta a domingo e depois, na semana, voltava ao normal. Cada dia que passava eu estava mais apaixonado por ela. Eu olhava para a Raquel e não acreditava como ela havia entrado nesta vida de prostituição. Mas preferia não pensar sobre isso.

Um grande mistério rondava minha vida, pois era nítido que eu já estava com alguém e todos queriam saber quem era esta pessoa. Eu não revelava a ninguém por dois motivos: primeiro, eu não sabia como começar a conversa para contar quem era a mulher misteriosa; segundo, eu queria preservar principalmente minhas filhas e, conseqüentemente, minha ex-mulher, pois, apesar de tudo, mesmo o casamento não tendo dado certo, havia uma parte de nossas vidas para trás, a amizade de tantos anos.

Pouco depois, eu liguei para ela e disse que iria buscar minhas roupas. Eu não queria nada, ela poderia ficar com tudo. No dia combinado fui lá e minhas coisas já estavam dentro das malas, ela havia arrumado tudo. Uma prima dela estava lá e me ajudou a colocar as coisas no carro. Eu senti um aperto em partir, não por ela, mas pelas meninas. Mas ela fez questão de descer até a garagem com as crianças, que ficaram presenciando eu carregar o carro e ir embora.

Ela sabia que eu já tinha alguém, desconfiou de várias pessoas, mas nunca imaginou quem pudesse ser, aliás, nem ela e nem ninguém. Então, mudou a estratégia: quando eu ia ver as meninas, ela estava com a casa arrumada, comida feita, as crianças de banho tomado e prontas para deitar. Fazia isso para mostrar que tinha mudado. Isso me revoltou ainda mais, pois se ela era capaz, por que nunca fizera isso antes? E ainda começou a querer forçar algum tipo de situação entre nós. Eu fiquei louco com isso, brigamos feio, chegamos até a nos agredir fisicamente. Numa noite saí de lá todo arranhado, e acredito que ela também tenha se machucado, pois fui obrigado a segurá-la com força. Antes que alguém imagine que eu batia nela, preciso dizer que isso nunca aconteceu e jamais irá acontecer. Acho um absurdo um homem agredir uma mulher, mas também não dava para eu ficar apanhando. O mínimo que eu podia fazer era segurá-la.

Depois de um tempo, as coisas se acalmaram, conseguíamos conversar moderadamente e discutir assuntos da casa e das meninas. Ela estava fazendo um curso para começar a trabalhar em outra companhia aérea – sim, ela começou a trabalhar na segunda companhia aérea depois que eu fui embora de casa; até dei carona para ela algumas vezes.

Um dia ela ficou doente, foi para o hospital e ficou internada. Fui visitá-la algumas vezes e levei as meninas para vê-la. Podíamos estar separados, mas eu ainda via nela uma amiga e me preocupava com sua saúde. Ela é a mãe das minhas filhas.

Paralelamente, eu continuava vendo a Raquel todos os dias; estávamos apaixonados e ambos sofríamos com a situação da prostituição. Mas nunca falávamos sobre isto; eu já não lia mais o *blog* e ela sempre fez de tudo para que não ficassem vestígios do que havia ocorrido naquele apartamento durante o dia.

Alguns dias depois, enquanto conversávamos, ela me perguntou se eu moraria com ela, pois assim poderíamos passar as noites juntos durante toda a semana. Eu sabia que se fosse morar com ela seria a pedra que faltava para sepultar de vez o meu casamento. A partir dali, realmente não teria mais volta e eu não poderia mais morar com minhas filhas.

Da parte dela, teria de deixar a amiga que esteve ao seu lado em todos os momentos para morar comigo. Teríamos de fazer nossas escolhas e seriam escolhas definitivas. Isso iria acontecer naturalmente dali a um tempo, nós somente antecipamos. Nossa relação era muito intensa e, embora estivéssemos juntos havia pouquíssimo tempo, parecíamos conviver por séculos.

Em menos de duas semanas já seria o Dia dos Namorados. Morávamos juntos, estávamos apaixonados e quando este dia chegou, pedi Raquel em namoro.

A respeito da escolha que tivemos de fazer, isso foi uma coisa que a mídia distorceu para querer usar contra a Raquel. Colocaram no ar somente uma parte de um *e-mail* enviado por ela, e ainda disseram que me fez escolher entre ela e minhas filhas. Isso jamais aconteceu. Ela nunca criou qualquer obstáculo em relação às minhas filhas e em nenhum momento tentou ter mais atenção do que elas, muito ao contrário.

Quando eu pegava as crianças nos fins de semana, as levava para outros lugares, pois não sabia o que a Raquel sentiria ao me ver com as filhas que tive com outra mulher. No começo, eu ficava com as meninas no apartamento delas. Depois comecei a levá-las na casa da minha mãe. Um dia eu perguntei para a Raquel se teria problemas se todos nós passássemos o final de semana juntos. Ela disse que seria ótimo e que não havia proposto isso antes, pois deveria partir de mim que sou o pai.

Fizemos um teste: levei as meninas para passar o dia na casa da "amiga do papai". Não sabia qual seria a reação da minha filha mais velha ao me ver com outra pessoa; afinal ela já estava sentindo demais a separação e tudo o mais. Combinamos que não ficaríamos nem perto um do outro, tudo tinha que acontecer passo a passo. As meninas adoraram o final de semana e a partir daí, toda vez que me viam falavam que queriam passar o fim de semana "na casa da amiga do papai" ou "na casa da tia Raquel". Perfeito, era só o que faltava, que as meninas se dessem bem com a Raquel.

Várias pessoas me perguntam como eu consegui conviver com a situação de namorar uma garota de programa que ainda estava trabalhando. Na verdade, nem eu mesmo sei explicar. Diferentemente do que alguns chegaram até a cogitar, não era nenhum fetiche ou algo parecido. Como disse, ela sempre fez de tudo para que eu não soubesse ou pelo menos não pensasse sobre isso. Por outro lado, eu via que ela também sofria muito com a situação. Acho que tudo isso só serviu para fortalecer o nosso amor, e se conseguimos superar esta fase juntos, acho que conseguiremos superar qualquer outra coisa.

Eu não saía com garotas de programa; desconhecia o que se passava nesse mundo. Nunca parei para pensar sobre isso e hoje vejo essa vida de forma totalmente diferente. Não acho que seja a melhor maneira de ganhar a vida, acredito que sempre é possível achar um caminho diferente para superar as dificuldades. Mas, por outro lado, cada um tem o livre arbítrio para fazer o que bem entende de sua vida. Antes, até via com certo preconceito aquelas mulheres na rua ganhando um "dinheiro fácil". Hoje, quando passo na rua e vejo uma prostituta ali parada, já imagino o medo que ela deve sentir, passando muitas vezes frio, fome, sem saber que tipo de pessoa será seu próximo cliente e, se depois de atendê-lo, estará viva para voltar para aquele lugar.

Quando a Raquel começou a ficar realmente conhecida com a publicação do livro e ela passou a dar entrevistas para jornais, revistas, rádios e para a TV, nós já estávamos juntos havia algum tempo e, sempre que possível, eu a acompanhava. Fui a diversos programas, conversei com vários jornalistas, mas nunca quis dar entrevista ou mesmo aparecer na mídia. Não queria pegar carona na fama dela, não queria ficar famoso e, principalmente, não queria expor nem a mim, nem a ninguém. Até que fomos ao programa do Jô. Como sempre acontece, chegamos e ficamos aguardando o momento de ela entrar. A produção me perguntou se eu queria me sentar ao lado dela na primeira fila e se falaria alguma coisa também. Respondi que eu não falaria nada e que estava ali só para acompanhá-la. Entramos, a platéia quase lotada, a Raquel sentou-se na primeira fila e me levaram para um lugar na terceira ou quarta fila, ao lado da escada, atrás da câmera. Estava tranqüilo e nunca imaginei que numa emissora como a Globo ocorreria o que acabou acontecendo.

No meio da entrevista, o Jô perguntou a respeito do Pedro, o namorado da Bruna Surfistinha. Ela respondeu e, de repente, ele perguntou se "ele" estava na platéia. Ela respondeu que sim. Quando dei por mim, tinha um outro câmera em pé ao meu lado, que desceu a escada e começou a me filmar. Fiquei sem ação, fui pego completamente de surpresa e não sabia o que fazer. Então, o Jô me perguntou: "Qual o seu nome?", eu respondi: "Pedro", pois era o nome que estava no *blog*. Perguntou a profissão e eu respondi a mais genérica que conheço: "empresário". Acho que foi meio instintivo, queria preservar as pessoas que estariam envolvidas dali para a frente e até a mim mesmo. Como não revelei meu nome nem profissão, ainda tinha o benefício da dúvida. Somente as pessoas que me conheciam realmente saberiam de quem se tratava; para as demais, era o Pedro, empresário e ponto. Ao chegarmos em casa, já havíamos pensado em ligar para a assessora de imprensa da Raquel para ela intervir e tentar editar a entrevista, afinal, era gravada. Não foi possível, era o feriado de 15 de novembro e a matéria foi ao ar no mesmo dia.

Isso teve pelo menos um lado bom; eu não precisei contar para as pessoas quem era minha namorada, todos ficaram sabendo de uma só vez. Também serviu como uma grande peneira de amizades, pois aqueles que eram amigos de verdade respeitaram minha escolha. Um ou dois tomaram sua decisão e simplesmente se afastaram. Hoje, nem sei dizer se foi uma pena ou se foi melhor assim.

A Raquel sempre me preservou demais no *blog* e nas entrevistas. Era até engraçado, pois juntávamos várias matérias e em uma eu era empresário, na outra médico, numa eu tinha 25 anos, em outra 42 e por aí vai. Era uma forma de despistar a mídia.

Pouco tempo depois, a *Playboy* me procurou, dizendo que minha ex-mulher tinha concedido uma entrevista a eles, tirado umas fotos e queriam que eu fizesse o mesmo. Não aceitei. Como já disse antes, não queria expor ninguém. Mas, para minha surpresa, quando eu li a matéria na revista, lá estava ela sorrindo na foto, dando nome, sobrenome, profissão, tanto meu quanto dela; só faltou telefone de contato para eventos.

A partir daí eu vi que ela não estava nem um pouco preocupada com a exposição de sua imagem e de sua vida na mídia. Poucos dias depois, lá estava ela na TV, contando a sua versão dos fatos e querendo vender sua história como se fosse o único caso de separação que já havia ocorrido. Pior ainda, era a apresentadora achando um absurdo e perguntando como ela estava se sentindo em ver sua família destruída. Talvez a Jerry Hall, ex-mulher do Mick Jagger, pudesse dar a ela a resposta que queria ouvir.

Em janeiro, mandei um *e-mail* para minha ex-mulher com a petição pronta para fazermos a separação consensual. Ela arrumou várias desculpas e não quis aceitar. Tentei por diversas vezes resolver tudo da maneira mais rápida e menos dolorosa possível. Pensava nas meninas, sabia que isso tudo, com certeza, iria refletir no futuro delas. Por esse motivo, eu não quis aparecer, muito menos debater em rede nacional os absurdos que ela falou sobre o casamento e sobre a Raquel.

Os meses foram passando, ela já estava com seu atual namorado, enfim, tudo caminhando para ser solucionado pacificamente. Tudo parecia se resolver, mas sempre havia algum empecilho. Pouco tempo depois, descobri a razão de nada se resolver. Ela se aproveitara da situação para pegar uma carona com a Bruna Surfistinha e ser famosa. E o pior, usando as filhas para sensibilizar a opinião pública.

Se não é isso, não consigo entender o que é então. Afinal, mesmo quando estávamos casados, as meninas passavam o tempo todo na casa da avó – aliás, atualmente moram com a avó. Falava que não iria permitir que a Raquel conhecesse as meninas, sendo que desde o início do ano elas passavam um final de semana a cada quinze dias em nossa casa. Dizia que eu não ligava para as crianças, sendo que dei um celular para que a minha filha mais velha pudesse falar comigo quando quisesse. No entanto, sempre que eu ligava caía na caixa postal; quando perguntei a ela por que o telefone ficava tanto tempo desligado, ela me disse que a bateria havia acabado e o carregador, misteriosamente, tinha desaparecido.

No processo de separação, que o advogado dela redigiu, consta que voltaria a usar o nome de solteira. Porém, continua usando o meu sobrenome. Quando saímos da audiência, providencialmente havia uma repórter lá fora aguardando sua saída, ela aproveitou para divulgar o lançamento do seu livro. E por aí vai.

A conclusão a que chego é que eu e a Raquel fomos vítimas de preconceito – e de sensacionalismo. Afinal, o que é que o nosso relacionamento tem de diferente de tantos outros que acontecem todos os dias por aí? É uma história de amor como tantas outras. Ou você nunca ouviu falar de separações de executivos que se apaixonam por suas secretárias, de advogados que se apaixonam por suas estagiárias, de professores que se apaixonam por suas alunas ou até de donos de emissoras de TV que se apaixonam por suas apresentadoras? São histórias de amor e quem já se apaixonou de verdade sabe bem o que eu estou dizendo. Só eu e a Raquel não tínhamos esse direito. Ah, sim, ela era uma garota de programa. Quantas mulheres não se prostituem de uma maneira bem pior para ganhar status, para conseguir um casamento confortável, para obter um bom emprego, para ser promovida?

Mas a TV vive de sensacionalismo e quiseram transformar nosso relacionamento num circo. Não deixamos que isso acontecesse. Se a TV quer fazer sensacionalismo com histórias de amor poderia começar com quem é de casa. Não sei se você ficou sabendo da história de um apresentador de telejornal, bem conhecido e casado, que declarou seu amor por uma colega de trabalho no meio de uma premiação. A platéia estava cheia de... jornalistas. Isso mesmo: a platéia estava cheia de jornalistas. Alguma emissora contou essa história? Algum programa de TV foi fazer campana na frente da ex-mulher dele? Alguém vai mandar uma equipe para a porta do fórum entrevistar a mulher traída? O corporativismo prevalece entre os jornalistas (e eu não estou generalizando).

Não estou falando isso para denegrir a imagem de ninguém, ao contrário. Quero que as pessoas vejam que ninguém é perfeito, todos temos defeitos e cometemos erros. Cada um tem de assumir os seus para se tornar uma pessoa melhor, para que realmente dê a volta por cima e recomece a vida, mas por cima de si mesma, de seus erros e de seu passado e não por cima dos outros.

Assumo meu erro de ter saído com uma garota de programa enquanto era casado; esse foi o meu erro e nenhum dos motivos que eu apresente para isso irá justificá-lo. Agora, se minha escolha posterior foi ficar com a Raquel, ninguém tem nada com isso a não ser eu e ela. Hoje eu estou muito feliz e recomeçamos uma vida juntos. Amo minhas filhas, amo a Raquel e, para mim, isso é tudo o que realmente importa.

Histórias que nunca entraram no meu blog

Quando escrevi *O doce veneno do escorpião*, no ano passado, juntei algumas das melhores (e mais picantes) histórias publicadas em meu *blog* numa parte lacrada do livro. Muitas histórias, porém, nunca foram publicadas. Estavam guardadas em um caderno que eu usava como diário ou apenas em minha memória. Agora, ao terminar meu segundo livro, achei que era hora de compartilhar algumas delas.

Começo com a história de um cliente que me pagava 500 reais para ficar com ele algumas horas num clube de *swing*. Antes ele fez um pacto comigo: eu jamais poderia escrever sobre ele no meu *blog*. Isso aconteceu na época em que eu estava no auge da minha carreira como prostituta. Meu telefone não parava de tocar o dia inteiro, eu fazia em média oito programas por dia e ainda tinha pique para ir ao *swing* à noite. Esse cliente me levava a um clube de *swing* semanalmente. Não sei por que ele não deixava que eu escrevesse sobre nossos programas. Também nunca perguntei o motivo, porque os 2 mil reais que ele me dava por mês poderiam me fazer falta. O dinheiro dos clientes comprava o meu silêncio e a minha discrição.

Como eu já estava em evidência na mídia, o cliente me pedia para ir disfarçada. Ele não queria que as pessoas percebessem que eu era prostituta. Ele queria que eu me passasse por namorada dele. Eu tirava o meu *piercing* da boca, prendia o meu cabelo, fazendo um coque, e colocava óculos para ficar com um semblante mais sério. Poucas pessoas me reconheceram desta forma. Se alguém perguntava se eu era a Bruna Surfistinha, eu desconversava.

E assim, dessa maneira, fomos ao *swing* durante quase três meses. Conhecemos vários casais que acreditavam que éramos mesmo namorados. Várias vezes caímos em contradição quando ficávamos conversando com algum casal. Mas nenhum deles comentou nada – afinal, ninguém estava ali para conversar.

Na nossa terceira vez no *swing*, fomos abordados por um casal. Eles eram casados de verdade havia um bom tempo. Pareciam ser muito felizes, pois eram muito carinhosos um com o outro. Fora isso, os dois eram lindos. Fomos para um quartinho reservado e trocamos de casal. Com ele, o clima pegou fogo... Rolou uma química enorme entre os nossos corpos. Enquanto isso, dava para perceber, o meu cliente e a esposa dele estavam ficando juntos de uma maneira forçada. Ela não gostou do meu cliente, mas continuou ali para deixar que eu satisfizesse seu marido.

Em determinado momento, ele segurou forte no meu cabelo, de frente para mim, me puxou em direção à boca dele e demos um beijo cinematográfico. Enquanto nos beijávamos, eu sentia a mão dele apalpando o meu corpo. Abaixei o zíper da sua calça e fui direto ao que me interessava. O menininho estava duro e fiquei surpresa com o tamanho dele. Era grande, mas não imenso. De um tamanho ideal e que não me causaria dor. Desci para chupá-lo. Não consegui colocá-lo inteiro na minha boca, mas mesmo assim o fiquei chupando durante um bom tempo. Ele ficava soltando gemidos baixos e continuou segurando forte, pressionando a minha cabeça. Quando estava quase ameaçando explodir na minha boca, eu parei de chupá-lo. Levantei-me e comecei a beijá-lo, pois queria sentir novamente sua língua quente.

Coloquei camisinha nele e fiquei de quatro no sofazinho da sala. Ele me pegou com jeito – e ainda deu tapinhas excitantes no meu bumbum. Fizemos sexo selvagem, com movimentos bruscos e gemidos altos. A intensidade dos tapinhas ia aumentando à medida que o nosso tesão aumentava. Escutei os gemidos dele

bem alto e senti as contrações do p... dentro de mim. Ele gozou. Eu não, embora tenha ficado bem excitada. Quando levantei, ele estava muito suado e o brilho do suor realçava o leve tanquinho no seu abdome.
Uma semana depois nos encontramos novamente. Dessa vez, eu não estava com o meu disfarce. Ele me olhou como se me conhecesse de algum lugar, mas nem se aproximou de mim e do meu cliente da noite. Fiquei chateada porque eu queria ficar novamente com ele, mas desencanei, pois sabia que oportunidades não faltariam.

Na semana seguinte, voltei ao mesmo clube de *swing*, com meu cliente pseudo-namorado e meu disfarce. O casal não apareceu. Como concluí que eles iam apenas às quartas-feiras, combinei com o meu cliente de irmos neste dia. Sem saber o motivo, ele aceitou.

Na quarta-feira lá estávamos nós. Quando entrei, já fui à procura do casal. Nenhum sinal deles. Fomos passear na área em que rola o *swing*. Mesmo no escurinho, vi os dois... curtindo um outro casal. Fiquei um pouco distante, apenas de *voyeur*. Ele estava transando com outra mulher. Não fiquei enciumada, mas percebi que ele agia da mesma forma que fez comigo, naquele estilo "selvagem-carinhoso".

Depois de alguns minutos, me aproximei. Ele estava de costas para mim e não me viu. Coloquei as mãos nas costas dele e, quando ele virou para olhar quem era, me lançou um grande sorriso de surpresa. Fiquei ao lado dele e, na ponta dos pés, mesmo em cima de um salto, falei no ouvido dele: "Quero te ver gozar bem gostoso".

A mulher que estava transando com ele tinha um corpo muito gostoso. Ela estava de quatro, com a bunda bem empinada para ele. Ele gozou. E gostoso. O semblante de satisfação que ele fez foi algo indescritível.

Eles se arrumaram para sair da salinha. Para não dar muito na cara que eu tinha ido especialmente para vê-lo, continuei com o meu cliente na salinha e trocamos de casal. Eu acabei transando com um cara totalmente forçada, porque o meu cliente gostou muito da parceira deste, então fiz de tudo para que ele gozasse bem rápido para me livrar.

Mais tarde, enquanto estávamos dançando um pouco na pista, encontramos com o casal especial. Nos cumprimentamos com mais calma, dançamos um pouco até que ele me falou no ouvido: "Eu estava com saudades de você!".

Nossa, eu quase pirei. Ficamos dançando enquanto nos olhávamos discretamente. Seguimos para uma salinha e novamente o clima pegou fogo! Ainda bem que rolou mais afinidade entre o meu cliente e a parceira, do que na primeira vez. Nem vi o que eles fizeram ou deixaram de fazer, apenas escutei no final os elogios do cliente em relação à mulher.

Quanto ao marido dela, a performance foi diferente – bem melhor do que na primeira vez. Ele foi mais carinhoso e percebi que realmente estava com saudades de mim. Dessa vez, foi ele quem me chupou, e sentindo a língua dele na minha bu.... Não demorei muito para gozar e quase ia emendar uma segunda, mas ele parou antes. Aí ele sentou no sofazinho, enquanto eu colocava a camisinha, nos beijamos e pude sentir o meu próprio gosto. Em seguida, fiquei cavalgando de costas para ele, enquanto puxava com pouca força o meu cabelo e dizia sacanagens como: "Goze comigo, sua safada!!".

Eu quis mudar de posição, mas pela falta de espaço tínhamos poucas opções. Ou era de quatro ou cavalgando. Ele me penetrou e com uma intensidade mais leve, acariciava o meu c.... Antes mesmo de eu pedir para fazer anal, ele acabou gozando. Foram quase trinta minutos de muito prazer, muito suor, gemidos e clima quente. Novamente eu não gozei, mas posso dizer que quase.

Saímos da sala e, enquanto a esposa dele foi ao banheiro, ficamos conversando. Ele pediu o número do meu celular. Dançamos mais um pouco e meu cliente pediu para voltarmos para as salinhas. Então nos despedimos.

Quatro dias depois, o meu telefone pessoal tocou. Era ele!! Na conversa, me contou um pouco da sua vida, inclusive que a esposa estava muito enciumada comigo, pois ele nunca tinha dado tanta atenção a uma mulher no *swing*. Então ele me convidou para sair, apenas nós dois. Eu não aceitei e disse que não trairia o meu "namorado", que só aceitava fazer trocas de casais. Na verdade, eu não desejava me envolver com ninguém. Mesmo sem namorando, eu não queria me apaixonar, muito menos por alguém comprometido que havia conhecido num *swing*. Mudamos de assunto e começamos a falar sobre coisas picantes. Acabamos fazendo sexo virtual. Ele se masturbando e falando sacanagens, entre elas que queria muito fazer anal comigo, e eu comecei a me masturbar também imaginando todas as cenas que ele dizia. A esposa era muito bonita, mas não gostava de ficar com mulher. Preferia vê-lo se deliciando, de ser *voyeur* com outras.

Acabamos terminando a nossa conversa, ele gozou, eu também. Quando desligamos o telefone, continuei me masturbando. Continuei imaginando tudo o que ele havia me dito.

Na quarta-feira seguinte, ele me ligou para saber se eu estaria à noite no *swing*. Combinamos de nos encontrar. Quando chegamos, novamente fui procurá-lo e lá estava ele numa salinha (que não era privativa) com a esposa – já tinham trocado de casal. Acabei chegando tarde, pois eu queria ter sido a primeira da noite dele. Mas tudo bem, fiquei observando-o e, assim como da última vez, me aproximei devagar.

Mais tarde, fomos para uma salinha e ele foi direto para o ponto que combinamos no telefone. Não fizemos qualquer tipo de preliminares, ele colocou a camisinha, me pediu para ficar de quatro e, me penetrou no c.... Pelo espelho na parede ficamos nos vendo. Fiquei me masturbando ao mesmo tempo e gozei no meu dedinho. Gozei novamente minutos depois. Ele demorou para gozar e comecei a ficar com dor. Não demonstrei, afinal, eu tinha esperado muito por este momento.

Fizemos tudo invertido, primeiro gozamos para então fazermos preliminares. Como o meu cliente ainda não tinha gozado, ficamos nos acariciando enquanto os observávamos. Nos beijamos muito e, pela primeira vez, ele chupou os meus seios, de olhos fechados e do jeito que eu gosto, mordendo os biquinhos.

Depois ficamos cochichando e eu perguntei por que ele nunca havia chupado meus seios. Ele respondeu que os achava lindos, mas por ser silicone tinha medo de machucar. Pedi para que ele chupasse mais um pouco, pois sua língua quente me deixou realmente muito excitada.

Depois dessa noite nos encontramos mais uma vez e foi a nossa despedida. Conversamos pelo telefone no dia seguinte e ele comentou que a esposa não queria mais fazer troca conosco. Primeiro porque estava com ciúmes de mim e, segundo, porque ela não conseguia se satisfazer sexualmente com o meu cliente. No nosso último encontro gozei três vezes: uma na boca dele e duas no meu dedo, me masturbando enquanto fazíamos anal. Foi um sexo selvagem, com tapas, sacanagens e muito prazer. Ah, se eu soubesse que era a nossa despedida, teria aproveitado mais...

Uma das coisas que mais me surpreendeu com o lançamento de *O doce veneno do escorpião* foi o número

de casais que me procurou ou me escreveu para contar como a vida sexual deles havia melhorado depois da leitura do livro. Sempre gostei muito de atender casais e acho que já ajudei muitos deles.
Lembro-me bem da história de um casal que nunca tinha contado antes.

Eles eram casados havia pouco tempo e quiseram ir para um motel. Os dois eram jovens e muito atraentes. Para a minha sorte, ela gostava de mulher, então começamos a nos pegar. Nos beijamos muito, enquanto tirávamos as nossas roupas devagar. Deitamo-nos na cama, os beijos continuaram e começamos a nos masturbar. A bu... dela estava quente e muito molhadinha, do tipo que faz até barulhinho com o dedo em movimento em cima da lubrificação natural.

Ele não agüentou ver a cena como um verdadeiro *voyeur* e começou a chupá-la. Meu dedo continuou no clitóris enquanto a língua dele percorria a região inferior da bu... A minha boca percorreu o pescoço dela e comecei a chupar seus seios. Como eram grandes, encostei um no outro e chupei os dois bicos ao mesmo tempo. Ela sussurrava baixinho num tom de prazer. Eu chupava seus seios com intensidade, sem medo de machucá-la – da mesma maneira que eu gosto que chupem os meus.

Depois de alguns minutos, ela gozou e neste momento eu não estava mais com o meu dedo na sua bu... Ela gozou na boca dele e em seguida foi a minha vez. Ela me disse após descansar um pouco: "Quero te ver gozar na boca dele!". Na verdade, eu queria gozar na boca dela e, mesmo com receio, pedi que me chupasse. Ela não negou, mas disse que me chuparia após eu gozar, pois gostava de observar. Fiquei deitada, com o marido dela ajoelhado na beirada da cama me chupando e ela ficou sentada ao meu lado, acariciando os meus seios com uma das mãos e, com a outra se masturbando. Ela gozou assim, e como estava sentada bem ao meu lado, pude apreciar bem de perto o seu orgasmo e a bu... se encharcar todinha. Ao ver esta cena me excitei mais ainda. Então ela começou a me masturbar para ajudar o marido e assim, eu gozei. Com o dedo dela me masturbando e a língua dele, explorando a minha bu...

Em seguida, fomos para a banheira juntos. Ficamos conversando e o clima começou a pegar fogo entre nós três. Nos beijamos e num momento ele se levantou, tirou a espuma de sabão do p... e o chupamos ao mesmo tempo. Nos revezamos, uma hora eu chupava os sacos dele enquanto ela o p... e, depois trocávamos. Até nossas línguas se enroscavam durante as chupadas.

Ele pegou no p... e começou a se masturbar. Nós duas ficamos de boca aberta e com a língua para fora esperando a ejaculação. E saiu bastante "leitinho", o suficiente para lambuzar nossos rostos.

Depois de um tempo, fomos para o quarto. Primeiro, ele a pegou de quatro, enquanto eu fiquei tocando o corpo dela. Então ela disse para eu deitar na sua frente, pois queria me chupar. Enquanto me chupava, fiquei com os olhos bem abertos admirando ela sendo pega de quatro. Ele segurava forte no bumbum dela; às vezes ela dava uma paradinha, virava o rosto para olhá-lo e dizer alguma palavra safada.

E realmente ela foi uma das mulheres mais safadas com quem já fiquei!! Que corpo e que boca! Ele gozou primeiro e ela continuou me chupando até eu gozar pela segunda vez, mas na boca dela. O mais incrível foi a cara que ela fez quando estava lambendo o meu "melzinho". Ela me olhava com uma cara de safada, dando uns sorrisinhos marotos e sensuais.

Ele aproveitou que o p... ainda estava ereto, colocou uma camisinha e veio para cima de mim, num papai e mamãe. Ele já estava fungando de cansaço mas não desanimou. Mudamos de posição: fizemos frango assado, em seguida fiquei de quatro e, por último, ficamos de ladinho. Eu estava de costas para ele e aproveitei para chupar mais um pouco os peitos dela. Como ele já tinha gozado, e não deu nenhuma pausa, demorou bastante para gozar pela segunda vez. Às vezes ele gemia de uma maneira que dava a impressão de estar gozando, mas era apenas impressão.

Paramos de transar, ele tirou rapidamente a camisinha e disse para a companheira que queria gozar com ela. Então, ela deitou com as pernas para fora da cama. Ele a puxou e colocou as pernas dela em cima de seus ombros. Ele pediu para que ela me chupasse, pois segundo ele, queria gozar nos observando ao mesmo tempo.

A única posição possível para que ela me chupasse seria ficando de cócoras com a bu... na cara dela. Fiquei excitadíssima pela situação, mas não consegui gozar pois a posição era totalmente desconfortável. Ele gozou nessa posição.

Como estávamos cansados e relaxados, afinal nós três gozamos no mínimo duas vezes cada um, pedimos algo para comer e depois fomos embora.

Nunca mais nos encontramos. Só sei que ele é um cara de muita sorte!!

Na adolescência, eu tinha complexo de "patinho feio". Só que na prostituição acabei adquirindo, pela primeira vez, uma auto-estima incrível!! Quando cheguei no privê da alameda Franca, fui escolhida pelo cliente que chegou em seguida. Nesse primeiro dia, eu fui a garota que mais trabalhou na casa. Foi inevitável não notar a inveja e ciúmes das meninas. Na prostituição, como em qualquer profissão ou meio de trabalho, há muita competição. Em todas as casas que trabalhei, sempre fui a garota que mais trabalhava. Me sentir patinho feio por quê? Se eu era desejada pelos homens...

Enquanto as meninas faziam dois ou três programas, eu fazia cinco ou seis. Lembro-me de que num dia de fraco movimento de clientes, em doze horas de trabalho, entraram oito homens, e desses, fui escolhida por cinco.

Foi difícil fazer amizade nas casas por causa disso, mas com o tempo, as meninas percebiam que eu era humilde e que não passava a perna em ninguém. Sim, nas casas há algumas regras!! Ao nos apresentar, não podemos beijar os clientes na boca e nem falar algo do tipo: "Me escolha pois você não se arrependerá!!".

Eu era muito tímida, mas reconheço que o meu olhar era fatal. No período em que trabalhei nos privês, o meu bordão era o mesmo: "Oi, eu sou a Bruna e sou liberal". Conquistei muitos clientes e muitos eram fiéis a mim. Alguns deles já chegavam na casa e pediam para a gerente: "Eu quero a Bruna!".

Quando a cafetina da alameda Franca me mandou embora com outras amigas, pois descobriu que consumíamos maconha, após duas semanas o meu celular tocou: era a gerente dessa casa. O que ela disse foi algo marcante para mim: "Bruna, a Larissa pediu para você voltar, pois muitos clientes estão indo embora porque você não está mais aqui!".

Infelizmente, para descobrir que sou bonita e que agrado os homens, eu precisei me prostituir. O fato de saber que muitos homens me desejavam, que queriam fazer programa apenas comigo não me fez sentir mais bonita do que as outras, mas finalmente encontrei o meu "eu".

Eu trabalhava no privê da alameda Franca. A campainha tocou e, como eu era a única que estava pronta para me apresentar, subi as escadas para abrir a porta para o primeiro cliente. Quando o vi, levei um susto! Era um senhor que aparentava ter uns 80 anos. Com as costas corcundas e apoiando-se numa bengala, ele levantou a cabeça para me olhar. Como até então eu não conseguia me imaginar fazendo sexo com alguém que poderia ser o meu avô, desci as escadas rezando para que ele não me escolhesse. Mas me escolheu.

Antes de entrar no quarto respirei fundo. Meu único consolo era imaginar que ele poderia me dar uma "caixinha gorda". Pois as meninas já tinham me contado que são esses que pagam melhor. Ledo engano.

Quando entrei no quarto ele estava deitado. Comecei a tirar a minha roupa sem sensualidade nenhuma. Quando disse que ia ao banheiro para tomar banho, ele não deixou. Pediu que eu o ajudasse a tirar a roupa.

Durante os minutos seguintes ele ficou pressionando a minha cabeça para que eu o chupasse sem camisinha. Após muita insistência, consegui convencê-lo a colocar uma. O p... dele estava mole, completamente morto, e eu, sem paciência, o chupei de todas as maneiras mas não consegui fazer com que ficasse ereto. Desisti. E enquanto eu o masturbava, ele chupava os meus seios. Fechei os olhos para não ver esta cena. Ele também tentou me beijar de língua, mas não conseguiu. Eu apenas dei alguns selinhos.

A gerente interfonou dizendo que o período havia acabado. Pagou e foi embora sem ao menos ter ficado com o p... ereto.

Duas semanas depois, voltou e me escolheu de novo. Coloquei a camisinha sem falar nada e fiquei chupando. Quando ele pedia para que eu fizesse alguma coisa, fingia que não escutava. O máximo que deixei que ele fizesse foi chupar os meus seios. E ele foi embora sem nenhuma ereção.

Depois de alguns dias, ele voltou. E me escolheu novamente! Foi um pouco mais fácil. O p... ameaçou ficar ereto. Dei um pouco mais de atenção a ele. Conversamos um pouco, mas gastei saliva à toa. Na hora de me pagar, ele disse: "Eu não estou com dinheiro hoje, mas prometo que na semana que vem eu volto e pago!". Chamei a gerente para resolver a questão. Após uma discussão engraçada, ele foi embora. E sem pagar.

Ela, muito esperta, esperou alguns segundos – o tempo suficiente para que ele saísse da frente da casa – e o seguiu. Ela voltou logo depois e disse que o cliente entrou no prédio bem ao lado da "nossa" casa.

Mais tarde, ela foi conversar com o porteiro e então ficou sabendo da história do velhinho. Ele era casado, mas ficava sob os cuidados de uma enfermeira. Como não podia sair do prédio sozinho, subornava o porteiro. Ele dava uma nota de 50 reais cada vez que queria ir à casa do lado. E ele fazia isso bem no horário de almoço da enfermeira. Muito espertinho.

As desculpas esfarrapadas que os homens dão às mulheres para se aventurar com alguma prostituta são as mais variadas possíveis. A maioria delas é muito engraçada. Mas, sinceramente, tem algumas que não consigo entender como as mulheres acreditam.

Tinha um cliente que aparecia freqüentemente no privê. Cada vez ele ficava com uma garota diferente. Após a apresentação das meninas, todas torciam para ser a escolhida. Adorávamos ficar com ele! Não por ele ser bonito ou um cliente agradável. Na verdade, o bom era que ele pagava o período de uma hora, mas não ficava nem quinze minutos! Todos os programas, independentemente da menina escolhida, eram iguais.

Ele nunca tirava a roupa. Apenas abaixava a calça e a cueca. Pedia para a menina se despir rapidinho e ficar de quatro na beirada da cama. Em pouco tempo ele gozava, arrancava a camisinha e a entregava na mão da garota. Ele se arrumava, pagava o cachê, pegava um saco com pão do chão e ia embora.

Saco com pão?!? Sim. Todas as vezes que ele ia nos visitar, ele estava com um saco de pão na mão!! No quarteirão, havia uma padaria. Provavelmente, ele morava ali perto e dizia com a maior cara de pau: "Vou comprar pão". Comprava, mas ia mesmo nos visitar.... Só não entendi até hoje por que ele comprava o pão antes, e não depois.

Todas as casas privês fazem anúncios das garotas nos jornais. No privê da alameda Franca não era diferente. Eles colocavam os anúncios e os dois telefones da casa tocavam o tempo todo. Quem atendia eram as próprias garotas e nos revezávamos neste trabalho. Certa noite, quando a cafetina foi buscar o faturamento do dia, ela me chamou de lado e pediu para que, quando eu não estivesse com cliente, somente eu atendesse ao telefone. Segundo ela, eu era a mais articulada da casa.

Passei a cumprir esta nova missão e não ganhei nenhum extra por isso.

Eu gostava de atendê-los, pois nunca gostei de ficar sem fazer nada. Mas com muitos eu perdia a paciência. Muitos pegavam algum telefone do jornal, para ficar falando sobre sexo com a garota enquanto se masturbavam do outro lado da linha. Denominávamos estes homens carinhosamente de "punheteiros". Eu passava apenas as informações da casa. Quando percebia que queriam conversar sobre sexo e se aproveitar da minha boa vontade, ou eu xingava e desligava o telefone na cara ou então, educadamente, dizia que lá não tinha serviço de telessexo, e passava novamente as informações da casa. Admito que quando eu estava com paciência e não tinha mais nada de importante para fazer, acabava entrando no clima deles. Mas do outro lado da linha eu estava rindo e zombando da cara do punheteiro.

Numa dessas vezes fiquei conversando com um homem que no início parecia ser normal. Ele pediu as informações da casa, perguntou como eu era fisicamente e como estava vestida. Pacientemente, respondi às perguntas. Quando eu estava me despedindo para desligar o telefone, ele disse: "Eu adoro ser dominado, ser escravo e cachorro das mulheres".

Isso me chamou muito a atenção, e despertou o meu lado psicóloga. Como fazia pouco tempo que eu estava trabalhando com sexo, tudo ainda era novidade para mim. E muito curiosa, eu não desejava ser dominadora de ninguém, apenas queria saber o por que de homens como ele gostarem de ser dominados pelas mulheres, e ainda sentir prazer com isso.

Levei o papo adiante tentando tirar as minhas dúvidas. Dessa vez não consegui, pois ainda não tínhamos intimidade. Ele perguntou se fosse me encontrar, se eu o faria de escravo. Eu respondi que sim e comecei a falar tudo o que faria com ele.

Na verdade, todas as mulheres gostariam de ter algum homem como capacho, de poder mandar e desmandar. E eu comecei a fantasiar com isso. Mesmo quando desliguei o telefone, comecei a imaginar como seria ter um homem que fizesse tudo o que eu mandasse, abaixasse a cabeça para mim e apenas dissesse: "Sim senhora".

Fiquei curiosa com isso e, não posso esconder que muito ansiosa esperando para que este homem fosse se encontrar comigo ou, pelo menos, me telefonasse para conversarmos mais a respeito.

Ele começou a ligar todos os dias. Quando eu atendia, ficava conversando com ele e fantasiando as cenas que falávamos. Quando outra garota atendia, não tinha a mesma paciência e simplesmente desligava o telefone na cara dele. Combinamos um horário para ele ligar. Às vezes dava certo, outras não. Como ele me contou que não tinha dinheiro para pagar por sexo, e que me ligava do telefone do trabalho, nossas fantasias ficaram apenas no mundo virtual.

Eu não ficava excitada com as nossas conversas, talvez ficasse se eu soubesse quem era ele. Numa das vezes, comecei a fazê-lo de cachorro, da maneira que ele havia me pedido. Eu mandava que ele latisse, que imitasse um cão chorando ou que fizesse o barulhinho de quando estão com a língua para fora. E ele imitava direitinho. Quando ele latia eu aproveitava para colocar o telefone na orelha das meninas para que o escutassem. Ninguém acreditava naquilo! E nós ríamos muito.

Perguntei várias vezes o por que de ele gostar daquilo, mas nem ele sabia me responder. Com o tempo, foi perdendo a graça e acabei ficando sem paciência. Outras meninas começaram a conversar com ele e o que mais gostavam era que latisse. Do outro lado da linha, ele delirava... nem imaginava que dávamos boas gargalhadas!

Nenhuma de nós teve o trabalho de perguntar o nome dele, mas nem precisava! Para nós já tinha nome: "Cachorrinho". Até que um dia, a campainha tocou. Fui me apresentar normalmente e quando virei as costas para que outra fosse se apresentar, ele falou: "Oi Bruna, sou eu, o seu cachorro". Eu virei para olhar para ele e não acreditei!!

Ainda bem que eu não havia imaginado como ele seria fisicamente, pois iria me decepcionar. Pessoalmente, pude provar a minha hipótese: não era uma pessoa normal.

Também pudera, não pode ser normal alguém que perde tempo ligando para um prostíbulo para ficar latindo e imitando um cachorro como se fosse a coisa mais normal do mundo.

Ele não foi para fazer programa, mas mesmo assim chamei as meninas para mandarmos nele. Num momento, eu comecei a chorar de tanto rir. Nós não fizemos dele nosso escravo, apenas o queríamos como cachorro.

A cena era hilária: ele de quatro no chão e um círculo de garotas de programa ao seu redor, mandando e desmandando. Ele latiu de todos os jeitos, fingiu-se de morto, deu a patinha, chorou, abanou o rabinho imaginário e até levantava a perna de trás como se estivesse fazendo xixi num poste! Apenas não pedimos para que ele nos lambesse...

Durante quase meia hora ele foi o nosso cachorro, quando não agüentamos mais rir da situação, pedimos para que ele voltasse a ser "gente" novamente.

Ele sentou-se no sofá e notamos que estava com um volume grande embaixo da calça dele. No tempo em que foi o nosso cachorro, ele ficou com o p... ereto! E ainda nos disse que quase gozou, mesmo não sendo acariciado mas apenas ao ser mandado e desmandado.

A gerente se aproximou e o mandou embora, já que ele estava atrapalhando o nosso trabalho. O circo, para nós, acabou. E ele nunca mais apareceu ou sequer nos telefonou. Deve ter começado a ligar para algum outro prostíbulo. Nos abandonou e foi procurar outras donas...

Minha primeira vez de verdade num *swing* foi com um cliente. Não me lembro da cara dele, mas me lembro bem do quanto ele era um "porre". É do tipo de cliente que as garotas de programa precisam contar os segundos ansiosamente para que o período acabe. Como eu já sabia que nesses ambientes tudo é liberado, e para trocar de casal era fácil, aceitei ir com ele, mas já com a intenção de trocá-lo pelo primeiro homem com quem eu tivesse oportunidade.

Um clube assim cheira tanto a sexo que é impossível não cometer loucuras ali dentro. Como estávamos muito curiosos (era a primeira vez dele também numa casa de *swing*), sentamos para beber um pouco enquanto observávamos os freqüentadores do local.

Mesmo após um longo dia de trabalho, eu ainda estava com "fogo" o suficiente para me divertir bastante e ser abusada por vários homens – e, por que não, por mulheres também?

Fui com um vestido preto curtíssimo e bem decotado, e com uma sandália de salto bem alto. Propositalmente, me arrumei para ser uma mulher fatal.

Entramos primeiro num quarto onde é permitida apenas a entrada de casais. Ninguém fica nu. As pessoas apenas levantam ou abaixam um pouco as roupas. Dava para ouvir gemidos de todos os jeitos, alguns excitantes outros falsos. O ambiente era muito escuro. Só é possível identificar quem é homem e quem é mulher, mas era impossível saber como era exatamente a aparência física de cada um. A única opção era tocar os corpos para termos uma noção de como era o físico e se nos agradava ou não.

Mal entramos e eu já comecei a sentir alguém me tocando por baixo do vestido. Essa mão, até que carinhosa, estava procurando o meu clitóris. Ficou alguns minutos me acariciando por cima da calcinha. A mão era delicada, com toques suaves. Assim, concluí que era uma mulher. A dona dessa mão estava atrás de mim, e por causa do pouco espaço no local, não consegui me virar para vê-la.

O ambiente estava extremamente apertado, e enquanto sentia as carícias, fui procurando algum p... alheio. Olhei para o lado e logo vi um grande, latejando de desejo. Não pensei duas vezes e peguei para masturbá-lo. O meu cliente já estava chupando os seios de uma mulher e, por um momento, me esqueci que estava com ele. Ou melhor, esqueci da minha vida.

Continuei a masturbar o cara, de olhos fechados, sentindo apenas minha bu... molhando cada vez mais com aquela mão em mim. Quando eu estava quase gozando, larguei o p... Não agüentei! Virei de frente para a pessoa, depois de pisar no pé de alguém e escutar um "ai". Eu estava certa: era uma mulher. Ela não deixou nem que eu falasse alguma coisa, foi logo me beijando. E que beijo!! Um beijo quente que durou minutos... Não dava vontade de parar! Abaixei o decote da blusa dela e comecei a chupar seus seios. Os bicos eram grandes do jeito que eu gosto. Dei algumas mordidas e ela não reclamou. Fiquei chupando os peitos dela de maneira voraz, fazendo-a gemer no meu ouvido. Enquanto isso, ela estava passando as mãos pelo meu corpo, para talvez conhecê-lo melhor.

Como o ambiente ficou um pouco mais vazio (quem goza sai do quarto, já que o calor é insuportável), ficamos mais à vontade. Ela sentou-se num dos sofás, e quando me acomodei ajoelhada no chão, continuei a chupar os seios, mas dessa vez fui mais longe... Abaixei um pouco a calcinha dela e comecei a masturbá-la. Não passou muito tempo e senti a bu... dela se contraindo e, em seguida, molhando os meus dedos com um líquido quente. Ela gozou. Eu me levantei e sentei-me ao lado dela. Nos beijamos mais e ela me pegou de surpresa: "Quero que você goze na minha boca agora!". Enquanto ela abaixava a minha calcinha e se ajoelhava no chão, eu dei uma olhada para localizar o meu cliente. Com muito esforço, vi que ele estava pegando uma mulher de quatro, próximo a mim. Ainda bem que ele não estava sentindo a minha falta.

Me fazer gozar naquele momento foi uma tarefa muito fácil, pois eu estava louca de tanto tesão. Sentir a língua quente dela no meu clitóris me fez quase gozar sem precisar fazer qualquer tipo de movimento. Gozei em menos de três minutos. Gemi tão forte e alto que fiquei morrendo de vergonha. Quando abri os olhos, todas as pessoas estavam me olhando.

Ela sentou ao meu lado e enquanto descansávamos um pouco, conversamos e ficamos observando os casais transando. Escutamos gemidos de pelo menos três orgasmos. Eu não estava agüentando de tanto calor, queria sair dali, mas eu poderia apenas sair acompanhada do meu cliente – e, pelo visto, ele não gozava de jeito nenhum... O jeito foi aproveitar mais o meu momento de lesbianismo.

Dessa vez, pegamos mais leve. Apenas nos beijamos enquanto nossas mãos ficaram quietinhas. Ela chupou um pouco os meus seios, mas talvez por serem pequenos (naquela época eu ainda não tinha silicone) ela acabou não se entusiasmando.

Ficamos quietas observando... até que ela me falou: "O seu namorado já está vindo!". Logo depois, nos despedimos e não nos vimos mais naquela noite.

Como estava acompanhada por um amigo que ela jurou que não rolava nada, ele nos deixou em paz.

Fui ao banheiro para me limpar e seguimos para a nossa aventura.

Passamos por um labirinto. Onde as pessoas passam para chegar a lugar nenhum. É apenas um labirinto com alguns quartinhos, onde os casais se encontram com outros. É super-estreito, algo totalmente proposital para que as pessoas se esbarrem umas nas outras. Os quartinhos servem para o caso de algum casal se interessar por outro nesse passeio pelo corredor.

Enquanto eu andava nesse labirinto, as pessoas iam passando as mãos em mim e eu também. Peguei rapidamente em vários p... e apertei vários seios.

Muitos homens já andam com o p... para fora da calça, passado pelo buraco do zíper. Acaba sendo engraçado!

Até que encontramos um espaço com um sofá grande onde havia alguns casais transando. Ficamos ali e o meu cliente me disse justo o que eu não queria ouvir naquele momento: "Quero te comer!".

Encapotei o p... e virei de costas numa posição totalmente desconfortável. Eu era a única a gemer naquele momento, gemidos falsos, claro, mas ninguém ali se preocupava com isso. De repente, um homem passou na minha frente e, enquanto eu transava com o cliente, ele chupou os meus seios. Gostei daquilo, mas não gozei.

Momentos depois, ele sumiu e deu lugar para outro. Mas este outro homem não ficou na minha frente, ficou de lado, apoiado na parede. Olhei para ele e vi que estava se masturbando enquanto me observava. Falei para ele se aproximar. Então agarrei com a mão o p... dele, que não era um dos maiores, e comecei a masturbá-lo. Quando senti que ele estava quase ejaculando, larguei. Eu queria fazê-lo gozar, mas não queria sujar a minha mão com o esperma dele.

E como o cliente demorava horrores para gozar, fiquei ali me divertindo. Ora eu masturbava um, ora dava um jeito de chupar os seios de alguma mulher. Até o cliente gozar, eu fiz pelo menos quatro homens gozarem com a minha punheta, mas sempre da mesma maneira: eu largava momentos antes. Todos ficavam bravos comigo por causa disso, mas pegavam rapidamente para gozar na mão deles. E eu fiquei observando cada uma dessas gozadas.

Finalmente, o meu cliente gozou! Gozou enquanto beijava uma mulher tarada. Saímos dali, passamos no banheiro e dirigímo-nos à mesa para nos hidratar.

Estávamos sentados quando o casal da mesa ao lado puxou conversa. Era um casal muito bonito. Percebi que ela não estava muito interessada em ficar com o meu cliente, mas o marido dela estava interessado em mim.

Infelizmente, há mulheres que vão ao *swing* com a intenção de satisfazer sexualmente o marido, independentemente de se divertir ou não.

No final da nossa conversa, combinamos de nos encontrar na primeira cabine. O cara me agarrou com jeito e começou a me beijar. Eu fiquei totalmente sem reação quando ele tirou a roupa. Era um homem forte, musculoso, com tanquinho no abdome que já estava suado.

Primeiro transaram um pouco enquanto eu e o meu cliente os observávamos. Eram casados e já tinham intimidade. Ela era safada, ficava falando várias sacanagens. Enquanto ele a pegava de quatro e dava uns tapas no seu bumbum, comecei a tocar o corpo dela. Uma pele macia, morena, com marcas fortes de biquíni. Não resisti e comecei a chupar seus seios siliconizados, mas muito gostosos! E o meu cliente ficou encostado na parede, tentando fazer o p... levantar pela terceira vez.

Quando eu menos esperava, o marido tirou o p... de dentro dela e me puxou. A cara que ele fez não precisou de nenhuma palavra. Eu entendi o que ele estava querendo. Peguei a camisinha e coloquei no p... que estava latejando muito. Pensei que ele fosse gozar rapidamente, mas demorou quase meia hora. O p... dele não era grande e muito grosso. Aprovei e como!!! Fizemos um sexo selvagem. Ele me dava tapas no bumbum, puxava o meu cabelo e me segurava com força. Eu comecei a delirar e acabei gozando antes dele. Em seguida, fui priveligiada por um orgasmo múltiplo.

Eu gostei da maneira que ele me pegou, com força e demonstrando muito prazer.

Para mudar um pouco de posição, ele sentou-se no sofá e eu subi nele, de frente. Cavalguei enquanto ele me segurava forte pelo bumbum. E foi com meus gemidos altos e a boca dele abocanhando um seio meu, abafando o gemido dele, que ele gozou.

A mulher dele sentou-se ao nosso lado e ficou nos observando mais de perto e dando beijos na boca dele de um jeito tão gostoso que me deu vontade de colocar a minha no meio. Mas não tive coragem.

Ele gozou tão intensamente que tentou levantar do sofá mas não conseguiu. Deixei-o com as pernas bambas. Quando olhei para trás e vi o meu cliente, ele estava com os braços cruzados, com uma cara emburrada. Depois ele me contou que ela ficou um bom tempo chupando-o, mas não conseguiu ficar com o p... ereto e então desistiram. Depois dessa, fomos embora. A minha primeira vez num *swing* foi muito divertida e tenho certeza de que foi bem mais para mim do que para o meu cliente.

Não sei explicar direito, mas tive clientes que rolava a maior química entre nossos corpos! Só não podíamos conversar de jeito nenhum. Era bem assim: química mil. Afinidade zero. Com esses clientes, o jeito era fazer sexo e abrir a boca apenas para gemer.

Foi com um desses clientes que não me senti como uma namoradinha de aluguel, e sim como uma verdadeira prostituta. Já subíamos para o quarto nos agarrando na escada. Eu conseguia deixá-lo de pau duro antes de chegarmos ao quarto. Não trocávamos uma única palavra. Nossas bocas ficavam ocupadas para coisas melhores: se não estávamos nos beijando estávamos nos chupando ou gemendo.

Ele era um quarentão do jeito que eu gostava naquela época. Eu, na flor da idade, com os meus 19 aninhos, adorava um quarentão!!! Era uma tara minha, não podia ver um cabelo grisalho que já me imaginava na cama com ele...

As mãos grandes e pesadas me pegavam de jeito. Apertavam fortemente o meu corpo com o dele. O p... dele parecia ser de ouro, me fazia sentir nas nuvens quando era penetrada. Quando ele ia me visitar no privê, eu me sentia ganhando dinheiro fácil. Não há coisa melhor do que ganhar dinheiro para gozar.

O que eu mais gostava era fazer anal com ele. Adorava ficar de quatro enquanto ele me pegava soltando todo o tesão dele por mim. Puxava com força o meu cabelo e dizia: "Você é a minha puta preferida, quero gozar no seu c..." Eu gostava de falar sacanagens para ele

Chamei-o na cama de "filho da puta" várias vezes.

Com ele fui literalmente puta pela primeira vez e com ele também aprendi a ter orgasmos múltiplos. Enquanto ele comia o meu c..., eu mexia no meu grelinho, e assim tive orgasmos indescritíveis na prostituição. Muitas vezes ele me fazia sentir dor – com movimentos fortes ou com algum tapa que passava do limite –, mas eu gostava dessa dor. Nós não perdíamos tempo, não parávamos para conversar. Se ele gozava, apenas trocávamos de camisinha e continuávamos onde havíamos parado. Eu o fazia gozar três vezes seguidas. Não somente fazendo anal, transávamos vaginal também. Eu amava vê-lo com as pernas bambas, de saber que ele perdia todas as forças por minha causa.

Depois do terceiro programa, ele me deu seu telefone e disse: "Quando você ficar com vontade de dar o c... pra mim, me liga que venho te ver". Mas deixou bem claro: "Me liga até às 18 horas, porque eu sou casado".

Liguei apenas duas vezes e ele foi no mesmo dia. Eu ligava e nós nem conversávamos. Nem perguntava se ele estava ocupado ou não. Era direta: "Oi, é a Bruna. Eu quero te ver!".

Eu nunca soube nada da vida dele, nem quem era ou o que fazia. Fiquei sabendo que era casado no dia em que me deu o número para contato. Nem o sobrenome dele eu sabia! Para mim não importava. Os papéis se inverteram: era eu que o usava, e não ele a mim.

Apelidei um cliente de "meu baixinho". Ele era um pouco menor do que eu. Eu poderia carregá-lo no colo... rs! Ele era muito meigo, tinha um jeitinho manso de falar, mas sua cara era muito séria. Na cama era muito tímido, mas perverso. Era muito carinhoso comigo e, com a química que rolava entre nós, fizemos vários programas. Tivemos que nos distanciar porque, infelizmente, ele se apaixonou por mim – e eu não conseguia vê-lo como namorado.

Todas as vezes que nos encontramos ele estava estressado. "Meu baixinho" trabalhava numa área que mexe muito com o psicológico das pessoas. Mas eu o acalmava, não com o meu sexo selvagem, mas com o meu sexo safado e carinhoso ao mesmo tempo. Os programas eram todos iguais, como se seguíssemos um roteiro. Primeiro nos beijávamos muito, enquanto nossas mãos se acariciavam. Eu o masturbava e ele fazia o mesmo comigo. Deitávamos sempre um em cima do outro e ficávamos nos revezando sem perceber. Ficávamos nos beijando e sentindo nossos corpos. Depois, fazíamos um 69 bem demorado, ele sempre gozava assim. Depois de um tempo, abocanhava o p... dele novamente, até ficar bem duro. Então ia para cima dele e ficava cavalgando, olhando nos olhos dele até ele gozar. Ele adorava as mudanças de ritmo que eu fazia durante a cavalgada. Ora um movimento mais rápido e brusco, ora um movimento mais delicado. Enquanto isso, ele ficava chupando os meus peitos, superdelicadamente e com toda a calma do mundo (ah, confesso que eu delirava com isso). Quando estava gozando, ele parava de chupá-los e fazia uma cara de safado. Apenas uma vez variamos: ele me pegou no meio do quarto e transamos em pé.

Foi só o cliente entrar no meu apartamento e eu já senti tesão por ele. Preciso confessar que, bem discretamente, eu analisava o corpo dos clientes mesmo com roupa. Muitas vezes me enganei e as roupas me iludiram. Já outras vezes, acabei acertando. Este cliente era alto e forte, a camisa *baby-look* marcava o peito musculoso e a barriga tanquinho. Aparentava ter um pouco mais de 30 anos e tinha a maior cara de safado. Tinha totalmente cara de quem dá prioridade ao sexo e faz muito bem.

Fomos para o quarto e após tomarmos banho separadamente, ele pediu para que eu ficasse de quatro. Quando eu fui colocar a camisinha nele, ele me disse: "Não coloca ainda porque primeiro eu quero te chupar". Fiquei de quatro e senti um beijo incrível em mim, o que me deixou molhadinha. Depois, desceu a língua e começou a dar umas lambidas no meu clitóris, de um jeito como se estivesse conhecendo o território, então ele começou a chupar com vontade e sempre quando eu tinha oportunidade, eu esfregava bem forte a minha bu... na cara dele. Gozei e ele continuou. Sem perguntar para ele, eu mudei de posição, fiquei de frente com as pernas em cima dos ombros dele. Eu queria ficar olhando ele me chupando. Ele me chupava com muita vontade, como se aquela bu... fosse a última da vida dele! Ele fazia sucção com a boca nos grandes lábios e a língua agilmente mexia no meu clitóris. Gozei novamente e gemi tão alto que ele até riu de mim logo depois.

"Agora é a minha vez" – foi o que ele me disse em seguida.

O p... dele já estava duro. Comecei a chupá-lo, mas era muito grande e não cabia inteiro na minha boca. Dava boas lambidas enquanto olhava para ele com cara de menina sapeca e variava estas lambidas com uma chupada mudando a intensidade. Comecei bem devagar e fui aumentando a sucção da boca. Quando eu percebia que estava ficando muito forte, ia diminuindo aos poucos. Com uma mão, eu massageava o saco escrotal e fazia pressão numa região que os homens ficam excitados. O sexo oral considerado o melhor para os homens, é aqueles em que as mulheres não usam a mão, apenas a boca. Eu estava chupando numa intensidade mais forte, quando ele contraiu o corpo e segurou bem forte na minha cabeça. Num gemido acanhado, gozou.

Ele perguntou se eu sabia fazer massagem. Com a minha resposta afirmativa, deitou de bruços. Passei um pouco de hidratante e massageei desde a coluna até os dedos dos pés. Quando finalizei, iniciei uma massagem tailandesa, esfregando o meu corpo no dele. Primeiro, fiquei um bom tempo esfregando os meus seios nas costas dele, às vezes passava apenas os bicos rapidamente na coluna e ele sussurrava gostoso.

Quando ele virou de frente para mim, o p... estava duro novamente. Coloquei camisinha e dei uma boa cavalgada de frente e de costas para ele. Quando eu estava de costas, ele ficava brincando com o meu c... ameaçando penetrar um dedo. Transamos em várias posições, e por pouco não fizemos todas as posições do *Kama Sutra*. Estou brincando! Mas variamos bastante. Ele me pegou na posição "frango assado", depois de quatro na beirada da cama e, por último, papai e mamãe. Quando ele estava quase gozando, pediu para que eu fizesse espanhola. Ele deitou e eu coloquei o p... dele entre os meus seios. Comecei a esfregar e fazer um movimento bem forte como se eu o estivesse masturbando com os seios. O p... dele estava latejando e não demorou muito para explodir. Em seguida, fui tomar banho e ele ainda entrou embaixo do chuveiro comigo. Como eu tinha um outro cliente em seguida, não queria molhar o meu cabelo, mas não aguentei e demos um bom amasso embaixo do chuveiro, mas não transamos.

Ele foi embora e nunca mais voltou. Sei que ele não voltou por não ter gostado de mim, mas porque talvez seja uma pessoa que faça parte do grupo de homens que não repetem prostitutas...

Essa história aconteceu em 2004. Havia dias em que eu não tinha vontade nenhuma de trabalhar. Como nessa época não havia mais cafetão me explorando, tinha o livre arbítrio de desligar o meu celular e ficar descansando.

Num desses dias, quando já estava no meio da noite, por volta das 21 horas, decidi ligar o celular, pois estava com vontade de fazer sexo com alguém. E já que eu não tinha namorado, nem estava enrolada com ninguém, o único jeito era fazer sexo com clientes.

O telefone tocou duas vezes, um cliente estava ligando para marcar horário para o dia seguinte, já o outro ligou apenas para pedir informação. A noite já estava terminando e eu comecei a ficar angustiada. Decidi ligar para um cliente que fazia programa comigo freqüentemente. Nós já tínhamos intimidade e como ele era solteiro, arrisquei dar um toque no seu celular. Caso ele estivesse acordado, me ligaria em seguida. Ele retornou a ligação minutos depois.

Perguntei se ele topava ir ao *swing* comigo, algo que nunca tínhamos feito juntos. Ele aceitou, mas com uma condição: não poderia ficar muito tempo, no máximo duas horas, pois tinha que acordar cedo no dia seguinte. Aceitei e combinamos de ele vir me buscar.

Já comecei a imaginar e a fantasiar várias situações. "Hoje eu serei a verdadeira puta" – pensei.

Como eu não tinha feito sexo durante o dia, e admito ser "quase" ninfomaníaca, estava com muito fogo.

Enquanto esperava ele chegar, sentei-me no sofá e fiquei imaginando como eu poderia deixar todos os homens loucos por mim naquela noite. Fiquei excitada mesmo antes de entrar lá.

Quando finalmente chegamos, nem quis sentar, já puxei o cliente direto para o quarto onde era permitida a entrada de homens "solteiros". Para sorte dele, havia alguns casais, mas a maioria eram homens sozinhos.

Eu e este cliente já entramos no clima do *swing* e começamos a dar bons amassos no meio do quarto que, felizmente, era um cômodo com um ambiente maior e mais confortável.

Sentei-me no sofá, puxei-o para perto de mim e comecei a chupá-lo com muita intensidade. Os homens que estavam sozinhos começaram a se aproximar, porque em *swing* é assim: os homens que vão desacompanhados não podem ver nenhuma mulher tarada que eles já vão pra cima como urubus quando vêem algum pedaço de carniça. Eles se aproximam já tirando o p... de fora para se masturbarem ou então arriscar a sorte com alguma mulher.

Sem parar de chupar o p... do cliente, abri os olhos e logo vi dois homens, um de cada lado. Ambos estavam exibindo o p... para mim. Um era muito feio, coitadinho, não me deu nem tesão. Já o outro era rosadinho, dote médio e apetitoso. Peguei com a mão nesse que gostei e comecei a masturbá-lo.

O outro, que tinha o p... feio, pegou a minha outra mão e a colocou na posição para que eu o masturbasse também. Fiquei com dó e aceitei o desafio de testar a minha coordenação motora.

Fiquei simplesmente com três p... ao mesmo tempo!! Um na boca e um em cada mão. Tive que me concentrar para não parar de fazer movimento com nenhum. Foi uma tarefa difícil, mas que me deixou muito excitada!!

Satisfazer três homens ao mesmo tempo me fez sentir poderosa! Era um grande desafio para mim.

O meu cliente foi quem gozou primeiro e na minha boca. Como eu estava com vontade de provar o p... bonito dentro de mim, pedi para o cara colocar uma camisinha. Enquanto isso, continuei masturbando o outro.

Fiquei ajoelhada no sofá, de costas para ele, esperando ser penetrada. Olhei para o lado e vi que o outro (o de pinto feio), estava se masturbando enquanto nos observava. Fiz sinal com a mão para que ele se aproximasse novamente. E então continuei o trabalho com ele.

O cara com quem eu estava transando gozou rapidinho, mas o outro não. Como faltava apenas ele para vencer o meu desafio, pedi para colocar uma camisinha também. Com ele sentado, montei de costas e comecei a cavalgar.

De repente se aproximou um homem já com o p... duro e veio pra cima de mim. Ele não me agradou nem um pouco fisicamente e pedi para que saísse da minha frente. Fiquei durante um tempo sendo apenas observada. Alguns casais estavam abraçados me olhando. E como adoro ser observada por *voyeurs*, adorei esta cena! Fiquei apenas me exibindo para essas pessoas, acariciando os meus seios ou me masturbando ao mesmo tempo que cavalgava.

Eu não estava sentindo nenhum tesão com ele, mas ficava muito excitada ao ver que os observadores estavam excitados por minha causa.

Antes de conseguir fazê-lo gozar, notei a presença de uma mulher muito bonita. Ela estava acompanhada por um homem que não era muito bonito. Me interessei por ela e não por ele.

O cara gozou, levantei a minha calcinha e fui me aproximando da mulher com o meu olhar fatal. Ela deu um sorriso para mim e aproveitei para chegar mais perto ainda. Cheirei o pescoço dela, muito cheirosa, reconheci até o perfume, um dos meus preferidos.

Não nos beijamos porque fui direto com a boca no seio dela. Fiquei chupando durante um tempo, enquanto o companheiro dela me acariciava.

Ela disse que queria ir comigo e com o meu parceiro a um quarto privativo, para ficarmos só nós quatro. Mas eu não queria sair dali e, além disso, o parceiro dela não me agradou nem um pouco. Eu percebi também que eles queriam trocar, pois ela demonstrou muito interesse pelo meu cliente. Mas eu não estava com vontade mesmo assim, perguntei no ouvido do cliente se ele fazia questão de ir com aquele casal. Como ele respondeu que não, demos uma desculpa qualquer e, em seguida, eles saíram do quarto.

Depois, até me arrependi um pouco, pois eu queria ter chupado mais os seios dela. Mas paciência.

O cliente comentou comigo que ia tentar transar com uma menina que estava ali e que depois queria ir embora. Ele conseguiu "conquistar" a menina. Mas o parceiro dela veio para cima de mim porque não queria ficar matando moscas.

Ele não me agradou fisicamente, mas mesmo assim decidi fazê-lo gozar. Porém, me deu a louca e coloquei na cabeça que eu queria transar com dois ao mesmo tempo, fazer uma dupla penetração. Ele aceitou a minha sugestão e rapidamente fisguei outro cara que estava desacompanhado para participar da brincadeira conosco.

Puxei um que aparentemente me agradou e já abri o zíper dele. Expliquei o que queria e fui curta e grossa: "É o seguinte, eu quero dar pra você e pra ele ao mesmo tempo, fazer uma DP. Aceita?". Ele aceitou. Como sou esperta, olhei discretamente os dois p... e vi qual era o menor. Este eu selecionei para fazer o anal.

O outro, que escolhi para fazer vaginal, sentou no sofá e se ajeitou. Me posicionei em cima dele para ficar numa posição que desse para fazer anal com o outro. Empinei o bumbum e, peguei no p... do outro para que eu mesma o penetrasse com calma. Mesmo tendo um dote pequeno, ele poderia me machucar. Quando já estava sendo penetrada pelos dois, comecei a cavalgar de uma maneira que desse para fazer anal ao mesmo tempo.

Digo que doeu. Não sei se por causa da posição ou porque eu estava com medo que alguma das camisinhas estourasse, acabei não sentindo prazer, apenas dor.

Porém, o meu prazer seria, na verdade, fazê-los gozar ao mesmo tempo. Mas não foi o que aconteceu, pois o que estava fazendo anal comigo, gozou primeiro e até que rápido demais, embora o outro não tenha demorado muito depois para gozar também.

Me arrumei e o meu cliente ainda estava com a garota. Fui ao banheiro e, quando voltei, não demorou muito para ele gozar. Fiquei sentada ao lado deles, observando tudo e todos e ignorando quem se aproximasse de mim. Ter feito cinco homens gozar em menos de duas horas já foi o suficiente para que eu me achasse poderosa.

Durante os três longos anos em que me prostituí, muitos se apaixonaram por mim. Recebi muitas flores, presentes e cartas. Eu tinha clientes que me procuravam uma vez por semana. Acho até que chegaram a pensar que eu também estava apaixonada por eles. Coitadinhos... eu apenas estava sendo profissional.

O tratamento que eu dava aos clientes era o mesmo. Não importava se eram feios, bonitos, gordos ou magros. Eu tratava todos muito bem. Com raras exceções, eu me transformava numa prostituta chata.

Aprendi sozinha a ser prostituta. E não é apenas abrir as pernas e gemer falsamente. Eu escutava os desabafos dos meus clientes, gostava de conversar com eles, de saber o porquê procuravam uma garota de programa. Aprendi muito com eles. Não sinto falta dessa época e não voltaria a me prostituir. Foi uma fase pela qual eu tive que passar. Passei e agora é passado. Mas não me arrependo, porque foi uma fase muito divertida, ri muito. Também chorei. Mas sempre com a cabeça erguida e sonhando com o meu futuro.